대영제국의 정치가. 19세기 제국주의적
팽창정책의 선도자 디즈레일리

아버지 아이작 디즈레일리

그의 누이 사라

그의 아내 메리 앤 부인

그의 만년의 친구 세레나

디즈레일리(Benjamin Disraeli)

대영제국의 빅토리아 여왕(1819~1901)

빅토리아 여왕——
18세인 1837년 여왕이 되었으며, 보수당의 디즈레일리를 총애하여 그의 정책을 지지 76년에는 인도 여제(女帝)를 겸하였다.

정적(政敵) 글래드스턴── 디즈레일리는 보수당을, 글래드스턴은 휘그당을 이끌었다.

글래드스턴과 그의 부인

독일의 철혈(鐵血) 재상 비스마르크(1815~1898)―― 보수정치가인 그는 황제가 임명하는 대신에 지나지 않았으나 실질적으로 모든 권한을 쥔 독재자였다.

로버트 피일

정장을 한 보비(로버트)

디즈레일리의 동상(National Portrait 갤러리 소장)

사르비아총서 · 110

디즈레일리의 생애

앙드레 모루아 지음 / 이정림 옮김

범우사

차 례

▨ 이 책을 읽는 분에게 · 7

제 *1* 부

두 세대 · 15
학 교 · 19
브라멜과 성 이그나티우스 · 26
사 업 · 33
은둔생활 · 42
순 례 · 47
정치이론 · 53
런던 정복 · 57
무소속 · 62
여 성 · 67
당의 제복 · 71
의원에 당선 · 76

제 2 부

첫연설 · 83
결 혼 · 92
메리 앤 · 102
가장 존경해야 할 준남작 · 107
청년 영국당 · 114
떡갈나무와 갈대 · 117
수 령 · 131
장 해 · 138
글래드스턴의 괴로운 임무 · 145
그림자 · 155
흔들리는 돛대 정상에서 · 164

제 3부

여왕 · 175
메리 앤의 죽음 · 181
만년(晚年)의 사랑 · 191
당 수 · 198
행 동 · 206
잔학행위 · 215
전 쟁 · 220
베를린 회의 · 228
줄루족과 홍수 · 238
외부세계 · 242
가장 사랑하는 꽃 · 253

이 책을 읽는 분에게

이 책은 Andre Maurois : 《La vie de Disraeli》(Eds. Gallimard, 1972)를 번역한 것이다.

소설 창작과는 달리, 문학인 중에는 선천적으로 전기작가(傳記作家)로서 그 재능이 뛰어난 사람들도 이따금 있는 법이다. 이를테면 슈테판 츠바이크, 그리고 앙드레 모루아 등이 바로 그런 사람들이다.

이들 두 전기작가가 생각하고 있는 전기라는 것은 단순한 한 인물의 생애에 관한 기술이 아니라, 각자의 눈이 접근하려고 한 유럽 문화의 본질에 그 뿌리를 두고 있음을 특징으로 볼 수 있다. 거기서부터 독일인 츠바이크는 소위 '프랑스'를 의식했으며 프랑스인 모루아는 '영국'을 의식했다. 즉, 그런 식으로 그들은 유럽 문화의 바다 깊숙이 내려간 듯하다.

모루아의 전기 《디즈레일리의 생애》는 그의 다른 창작이나 전기물 중에서도 가장 뛰어난 것 중의 하나다. 특히 이 전기의 후반에서의 서술은 매우 극적이면서 감동적이라고 할 만하다. "영국 국민만큼 시간에 의해 갖가지 사물에 더해지는 아름다움에 민감한 국민은 없다"라는 그의 말은, 그대로 《디즈레일리의 생애》의 주조(主調)이자 동시에 모루아 자신의 성숙(成熟)에 대한 기본적인 생각이기도 하다. 노년의 아름다움에 대해 이만큼 씌어진 문장은 그다지 흔하지 않기 때문이다.

한편, 이 책은 19세기 후반의 역사책으로서도 현대의 우리에게 몇 가지 귀중한 시사(示唆)를 주고 있다. 말하자면 《디즈레일리의 생애》는 그의 명저인 영국사의 준비 과정에서 태어난 부산물의 하나지만, 오히려 이쪽이 보다 깊이 그의 역사관과 인간관을 이야기해 주고 있다고 보는 것이다. 그것은 모루아가 영국이라는, 본질적으로 보수적·전통적으로 키워진 나라에서 디즈레일리라는, 이 또한 전형적인 보수 정치가를 선택한 것으로서 오히려 한층 더 생생한 조명(照明)을 얻었다고 말할 수 있기 때문이다.

자칫하면 주의 주장이 아니면 권모술수에 의해, 즉 그러한 양 극단의 척도(尺度)에 의해서만 정치라는 것을 재려고 드는 것이 일반적인 습성인데, 이 같은 소극적인 상황에 있어서의 세심한 정치 분석은 일견 화려한 진보적 상황에 있어서의 그것보다도 한층 더 정치의 본질적인 깊이로 이끌어 주는 일도 있게 되는 것이다. 모루아는 그것을, 19세기 유럽의 정치사상 뺄 수 없는 귀중한 자료를 인용하여 이 책에서 우리에게 보여 주고 있다. 그러나 그러한 전문적인 것을 도외시하고서도 이 전기는 충분히 그 매력을 더하고 있다. 그것은 인간 관계에 대한 모루아의 통찰력, 풍부한 관찰력이 우리를 끌어들이기 때문이다.

디즈레일리는 인간적으로 우리들을 끌어들인다. 그는 위선이란 털끝만큼도 없었다. 그를 가까이 한 사람들이 한결같이 느낀 것은 그의 사생활의 순결함과 금전 문제의 깨끗함이었다. 또 그 사람만큼 자기 아내에게 충실한 사람도 드물다. 그는 스스로 악인인 척하지만 실은 착한 사람이었다. 그런 점이 오히려 우리들을 강력하게 그에게로 끌리게 하는 요인이 된다.

특히, 그의 만년에 있어서의 인간 관계에 대해 모루아는 의식적으로 조명을 강하게 비추고 있다.

대영제국의 과부와 이 늙은 보수 정치가, 또한 그와 불치의 병석에 있는 늙은 아내, 이러한 인간 관계의 설정은, 영국이라는 나라에 있어서 디즈레일리라는 위대한 보수 정치가를 선택한 저자 특유의 모럴리스트의 눈이 잡은 것이겠지만, 노년의 아름다움은 여기서 남김없이 보여지게 된다. 그것은 단순히 인간 디즈레일리의 매력을 초월해서 하나의 전통 있는 나라의 문화의 총체(總體)로서의 중후한 결실을 얻을 수 있기 때문이다.

전기, 에세이, 평론 등 다방면에서 그 재능을 인정받은 모루아(1885~1967)는 프랑스가 낳은 위대한 모럴리스트 작가이자 평론가로서 북프랑스의 노르망디에서 태어났다. 본명은 에밀 에르조그. 루앙의 고등학교에서 알랭에게 배운 것이 인연이 되어 이후 그의 영향을 깊이 받았다. 또한 아버지가 경영하는 직물공장에 들어가서 실지로 인간을 관찰한 것이 그의 문필가로서의 양식이 되었다.

그는, 1차대전 때 종군한 경험을 소재로 한 유머 넘치는 회고담 《브람블 대령의 침묵(Les Seilence du Colonel Bramble, 1918》, 기발하고도 경쾌한 우의(愚意)를 그린 《영혼의 계량기(Le peseur d'ames, 1931)》와 명저 《영국사》 외에도 바이런 · 셸리 · 위고 · 상드 · 라라에트 부인들의 전기는 정평이 나 있다. 또한 그 밖의 많은 문학 비평과 인간 비평의 저서를 내놓고 있다.

뿐만 아니라, 앵글로색슨 민족에 관한 그의 깊은 학식은 추종을 불허하며 유수한 영국통으로서도 널리 알려져 있다.

옮긴이

디즈레일리의 생애

제 1부

미천하게 살기에는 인생은 너무도 짧다
— 디즈레일리 —

두 세대

 1290년 에드워드 1세는 만성절(萬聖節, 11월 1일)을 기하여 영국 안에 거주 허가를 얻고 있던 유태인들을 국외로 추방했다. 당시는 십자군이 성전(聖戰)에 참가하고 있던 시대이므로 어느 마을에서나 수도사(修道士)들이 이교도 배척을 외치고 있었으며 민중은 국내의 십자군을 요구하고 있었다. 그리하여 약 1만 6천 명의 유태인이 영국으로부터 퇴거당했다. 국왕은 그들이 박해를 받지 않고 평화리에 퇴거할 것을 특히 명령했으며 이 명령은 대개 지켜졌다. 그 중에는 파도에 휩싸인 모래톱에 승객을 내려 놓고 "모세를 부르는 게 좋겠군" 하면서 닻을 올린 한 사람의 선장이 있었다(모세의 이름은 '물에서 건져졌다'는 뜻. 그는 어릴 때 이집트 왕의 유태인 박해 명령에 의해 나일강에 버려졌으나 구조되었다). 이리하여 수십 명의 유태인들이 익사하고 말았다. 이 선장은 후에 교수형에 처해졌다.
 바다와 뱃사람들로부터의 재액을 면한 추방자들은 프랑스

에 보금자리를 마련했다. 그러나 그것도 오래 가지 못했다.

1306년, 필립 4세(1268~1314년. 1285년 왕위에 올랐다)는 재정적 필요에 의해서 그들의 재산을 몰수하고 스페인으로 추방하기로 했다. 그들은 그 후 2세기 동안 스페인에서 평화로운 생활을 맛보았으나 이번에는 화형대(火刑臺)에 불이 붙여졌다. 그리하여 이 불행한 민족은 더 이상 멀리 망명할 데도 없어 마침내 멸망하고 마는 것처럼 보였다. 그러나 박해는 통제가 잘 되어 있지 않았다. 스페인이 유태인에 대해 박해를 가할 때 베네치아 공화국, 암스테르담 공화국, 나아가서는 프랑스가 재차 그들을 받아들였다. 영국에서도 종교 개혁으로 성서가 읽혀지게 된 덕택으로 유태인에 대해 동정적이라고도 할, 일종의 호기심이 일어났다. 청교도들은 유태식의 이름을 가지고 고대 이스라엘의 12 지족(支族)의 후예(後裔)를 찾았다.

1649년, 페어팩스 경은 이스라엘 민족을 귀환시키자는 청원서를 제출했다. 크롬웰은 이에 호의적인 태도를 보였다. 찰스 2세가 이 결정을 재가(裁可)했다. 이렇게 해서 17세기 말경, 포르투갈계(系)와 스페인계의 조그마한 유태인 사회가 런던에 다시 생겨났다. 빌라 리아르가(家), 메디나가, 라라가 등, 그들 중의 대부분은 사라센 제국 시대에 귀족으로 승격되었었다. 그들은 그 당시 코사크의 봉기(蜂起) 때문에 서방으로 되돌아와 있던 폴란드계나 리투아니아계의 유태인을 경멸하고 품위 없는 그들이 자기네들 종교 집회에 참가하는 것을 거부했다.

1748년, 런던의 이 유태인 사교계로 한 사람의 젊은 이탈리아인, 벤저민 디즈레일리가 찾아왔다. 첸트 엔 페랄레 태생으로 처음에는 베네치아에서 한밑천 잡으려고 꾀했으나 그는 신흥 변영국 쪽이 좀더 성공하기 쉬울 거라고 생각했던 것이다. 처음에는 순조롭지 않았다. 투기(投機) 사업으로 실패를 거듭했다. 그러나 두 번째의 결혼으로 그는 빌라 리아르가의 혈통으로 상당한 액수의 지참금을 가진 여자와 결혼한 후 주식거래소에 들어가서 재산을 모았다.

벤저민 디즈레일리와 사라와의 사이의 외동아들, 아이작은 양친을 놀라게 했다. 그들은 이 아들에게 큰 실업가가 되기를 기대하고 있었는데 그는 창백하고 겁쟁이였으며 산책하는 데도 손에서 책을 떼지 않았고 모든 형태의 행동에 대해 놀라우리만큼 혐오감을 나타냈다.

열세 살 때 소년은 시를 썼다. 동정심이 많고 낙천적인 디즈레일리도 이에는 깜짝 놀랐다. 굶주림으로 다락방에서 죽어가는 시인을 그린 호가스(1697~1764. 영국의 풍속화가)의 판화(版畵)를 소년은 소중하게 간직했다. 얼마 동안은 벤저민 디즈레일리도 희망을 버리지 않았다. 그러나 아들이 〈인간의 타락인 상업에 반대한다〉는 제목의 대 시편을 쓰느라 고심하고 있는 것을 알자 그는 아들을 자기 사업에 종사하게 하는 것을 단념하고 원하는 대로 살게 하기로 결심했다.

그리하여 아이작 디즈레일리는 자기 인생의 목표를 정하여 죽을 때까지 이를 바꾸지 않았다. 그는 대영박물관(大英博物館)의 도서관에서 날을 보냈는데 이런 장소를 이용하는 열람자들도 이 시대에는 기껏 5, 6명에 지나지 않았다. 그는 이 곳에서 종이 쪽지를 메모로 메우고 언제나 이것으로 포켓을 불룩하게 만들고 있었다. 처음에는 〈영국 문학사〉를 쓰는 것이 그의 목적이었다. 그러나 곧 디즈레일리는 자기가 카드의 홍수 속에 빠지게 될 것을 알자 조촐하지만 좀더 재미있는 작업인 남의 이야기의 편찬자가 되는 역할에 만족하기로 했다. 그는 《문학 잡담》이라는 제목으로 한 삽화집을 출판했는데 대성공을 거두었다. 그리고 이것이 그의 생애를 결정지었다. 35세 때 자기와 같은 이탈리아계 유태인의 여인과 결혼했다. 그녀가 모든 가사(家事)에서 그를 해방시켜 주어 독서나 기록하는 일에 그의 생활을 바칠 수 있게 해주었다. 그리고 그도 충실히 이 아내를 사랑하는 일밖에 생각하지 않았다.

학 교

아이작 디즈레일리의 장남은 할아버지의 이름을 따라 벤저민이라고 이름지어졌다. 위로 사라라는 여자 아이가 한 명 있었다. 남매 사이는 어릴 때부터 더할 나위없이 다정했다. 아주 어렸을 때부터 학교에 보내졌다. 처음에는 미스 로퍼라는 여성에게, 이어서 포티카니 목사에게 보내졌다. 이 존경할만한 집에서는 목사의 딸이 예의 범절과 모든 것을 맡아 가르쳤다. 그런데 이곳에 와서 놀라운 사실이 그에게 밝혀졌다. 그것은 그가 자기 친구와 같은 종교를 갖지 않고 같은 종족도 아니라는 점이었다. 이런 일에 대하여 그는 이해하지 못했다.

저녁 때 자기들의 공부방에서 사라와 벤은 유태인과 기독교도라는 이 불가사의한 문제에 대해서 곧잘 이야기했다. 도대체 무슨 이유로, 자기들이 선택한 것도 아닌, 자신들로서는 어찌할 도리가 없었던 태생을 모두가 혐오하는 듯이 보는 것일까? 부친에게 설명을 바라자 볼테르주의 철학자, 아이작 디즈레일리는 어깨를 움츠리는 시늉을 했다. 그 따위 것은 모두 의미 없는 일이며 미신이다라고. 그는 유태인임을 조금도 부끄러워하고 있지는 않았다. 오히려 매우 자랑스럽게 이 종족의 역사를 이야기했다. 그러나 실은 수천 년 전에 아라비아의 유목 민족이 그 지능의 정도에 따라, 그 요구에 응하여 채용한 의식과 신앙을 이 합리주의의 시대에 이르기까지 고수한다는 것은 전적으로 우스꽝스러운 일이라고 생각하고 있었다. 디즈레일리는 그도 역시 그의 부친과 마찬가지로, 혹은 부친을 기쁘게 하기 위해 유태 교회에 등록하고 기부금을 바치고는 있었다. 그뿐 아니라 자기의 독서 시간을 빼앗을지도 모르는 논쟁이 두려워서 유태교의 목사가 아들에게 히브리어를 가르치러 오는 것을 용서하기까지는 했으나 그렇다고 그는 어떠한 교리를 믿는 것도 아니고 또한 어떤 의식도 행하지 않았다.

이런 태도에도 불구하고, 어쩌면 아마 이런 태도 때문에 1813년의 어느 날, 런던의 유태인들이 그의 문학적 명성을 자랑으로 생각하여 그를 그 집단의 우두머리로 선출했다. 그는 분개하여 곧 그들에게 격렬한 편지를 썼다.

당신네들 사회의 테두리 밖에서 줄곧 살아온 하나의 인간, 들어앉은 생활을 하고 있으며, 당신네들의 종교 의식은 현재의 형태로서는 종교적 감정을 불러일으키기는커녕 이것을 파괴하는 것이므로 이 종교 의식에 참여하기를 거부하는 인간, 무관심한 문제에 대해서는 크게 양보할 용의가 있지만 여러분의 의식에 대해서는 그 일부분밖에 용인(容認)할 수 없는 인간 —— 이처럼 인간이 조금이라도 명예와 도리를 분별하고 있다면 여러분 사이의 공식의 자리에 앉는 것을 거부할 것입니다.

장로회는 이 승복하지 않는 의장에 대해서 40파운드의 벌금을 선고했다. 물론 아이작 디즈레일리는 지불을 거부했다. 3년 간 방치해 둔 후 유태인 집단은 벌금의 지불을 요구했다. 긴 세월 동안 그의 아버지는 그 혐오스러운 아내와 실망의 근원인 아들과 같이 90살까지 살다가 낙천적인 기질을 간직한 채 세상을 떠났다. 아직도 살아 있는 유태주의자에다 이 가족을 연결짓고 있는 유일하고 가냘픈 인연이 그와 함께 사라진 것이다. 디즈레일리는 자신의 이름을 금후부터 신자의 리스트에서 말소해 주도록 답장을 썼다. 매우 싹싹한 성격인 이 사나이도 자신의 평안이 교란당하려 하자 과감해질 수가 있었다.

이렇게 해서 그는 유태인 행세를 그만 두었으나 기독교도가 되지는 않고 중간적 상태에서 매우 만족하고 있었다. 친구의 한 사람이며 역사가인 쉐론 터너는 아이들이 대부분의 영국인이 믿는 종교에 따를 것을 희망하고 있을지도 모른다고 그에게 지적했다. 사내아이인 경우는 특히 세례를 받지 않으면 장래가 막혀버린다. 왜냐하면 유태인은 가톨릭 신자들과 같이 시민권을 빼앗기고 있었기 때문이다. 디즈레일리는 대영박물관에 있는 앵글로색슨의 문헌을 최초로 탐사한 이 터너에 대해서 깊은 존경의 마음을 갖고 있었다. 더욱이 아름답고 쌀쌀한 조모가 젊을 때의 원한을 아직도 간직하고 있어서 자기가 그렇게 고통을 받은 굴레로부터 손자들을 해방시켜 주도록 그를 설득했다. 마침내 아이작 디즈레일리는 이에 굴복하고 말았다. 이리하여 교리문답(教理問答)과 기도서가 그의 집안에서도 눈에 띄게 되었으며 아이들은 한 사람씩 성(聖) 안드루 교회에서 세례를 받았다.

벤저민은 그 때 열세 살이었다. 개종(改宗)과 동시에 학교도 바꾸어 주는 것이 이 아이에겐 바람직했다. 어디로 보내면 좋을까? 디즈레일리는 서점에서 가끔 고간이라는 목사를 만났는데 이 사람은 진귀한 책을 모으고 있었으며 희랍어를 알고 있는 단 한 명의 비국교회파(非國教會派)의 목사로서 알려지고 있었다. 그러한 독서가라면 완벽한 사람임에 틀림없으리라 생각하고 벤을 그에게 맡기기로 결정했다.

고간 박사의 학교는 덩굴로 덮인 낡은 건물이었다. 떡갈나무 벤치가 들어찬, 장식 없는 교실의 커다란 흑판에는 "나는 길이요, 진리요, 생명이니라"(요한복음서 제14장 6절)고 씌어 있었다. 호기심으로 가득차고 비판적인 시선을 던지는 70명의 학생의 무리가 신입생의 주위를 에워쌌다. 그의 훌륭한 옷차림은 도전적이었다. 지나치게 신경을 쓴 그의 의복, 윤기 없는 올리브색의 얼굴, 명랑하면서도 이상한 얼굴 모양은 모두를 놀라게 했다. 새로운 학우들은 약간 조소적인 관심을 갖고 그를 관찰했다. 그러나 그는 아이들 눈길을 피하지 않고 시선에는 시선으로 대했다. 어느 쪽을 향해서나 똑바로 마주 서고 멸시에 대해서는 오만으로 대항하려는 결심이었다. '이놈들은 보잘것없는 놈들이다' 하고 감정이 격해올 때는 마음속으로 외쳤다. '나와 마찬가지 소년에 지나지 않는다. 나는 그들을 지배해야 된다.'

첫 수업에서 그가 받아온 교육의 장점과 결점이 드러났다. 이 학교의 학생들은 모두 라틴어와 희랍어에 뛰어났으며 벤의 실력보다 훨씬 위였다. 그러나 창조하는 일, 쓰는 일에 있어서는 많은 학생이 그로부터 감정과 사상의 새로운 세계를 배웠다. 모두가 그의 말, 그의 문장을 그대로 본받았다. 학우들은 그의 시를 베껴 가지고 집에 가서 형제나 사촌들에게 보이는 것이었다. 일종의 근대주의적인 그룹이 그의 주위에 형성되었다. 그는 거친 운동은 싫어하였으나 야심이 기질보다 강했으므로 스포츠도 잘하게끔 조직적으로 연습했다. 친구들 사이의 평판은 매우 좋아 얼마 안 가서 지도하는 위치에 서게 되었는데 이것이 그를 매우 기쁘게 했다. 혼자서 산책할 때 그는 곧잘 자기가 수상이나 군사령관이 되어 있는 모습을 상상했다. 그것은 멋있는 일임에 틀림없었다.

자기의 권력을 확립하기 위해서 한편으로 연극의 상연을 계획했다. 그는 연극을 무척 좋아하는 터였다. 처음으로 양친을 따라 연극 구경을 가서 훌륭한 대사를 듣고 놀라운 모험을 구경했을 때 그는 황홀해졌다. 그가 바라고 있는 인물, 큰 일을 행하며 꿈속의 영웅처럼 이야기하는 인물들을 드디어 발견한 것이다……. 이렇게 해서 일단(一團)이 구성되었다. 젊은 디즈레일리는 단장(團長)이자 감독이며 주연이었다. 몇 주일이 지났다. 그는 이 새로운 생활과 자신의 힘을 즐기고 있었다. 더할 나위 없이 행복했다.

너무도 행복해서 그곳에 태풍이 닥쳐오고 있음도 몰랐다. 자기가 만끽하고 있는 성공의 기쁨을 모두가 나누어 느끼고 있다고 그는 소박하게 믿고 있었다. 그리고 모든 정신적 우둔함에 대한 멸시를 너무도 노골적으로 나타내었다. 세례의 물로 목욕했음에도 불구하고 그에게는 이단(異端)의 냄새가 풍겼던 것이다. 가장 심하게 그와 맞선 것은 이 흑발의 소년이 들어오기까지 제멋대로 설치고 있던 복습감독생(復習監督生)들이었다. 즐거움 속에서 자기들의 권력을 무시한 채 늘어나는 그의 권력은 그들을 성나게 했다. 그들은 이 비밀의 무대 연습을 고간 목사에게 고발했다.

목사는 노한 어조로 교실에 들어서자 추문(醜聞)에 속하는 이 새로운 풍습에 대하여 일장의 훈계를 내렸다.

"이 학교를 구성하고 있는 가족 중에서 우리는 아직까지 이러한 일을 본 적이 없다. 이러한 계획을 꾸며낸 자는 이 학교의 정신을 스스로의 것으로 만들 수 없는 이단(異端)의 반항적인 인간임에 틀림없다."

반대파는 이 말에 신이 나서 갈채를 보냈다. 휴식 시간에 복습감독 그룹 학생이 디즈레일리 곁을 지나면서 비웃었다. 휘파람을 부는 자도 있었다. 그러자 그는 뒤돌아보고 침착하게 말했다.

"지금 휘파람을 분 사람이 누구지?"

복습 감독생 가운데 가장 나이 많은 생도가 앞으로 나왔다.

"외국인 따위에게 끌려다니는 것은 이제 질렸어."

디즈레일리는 그렇게 대답한 자의 얼굴을 한 대 갈겼다. 치고받는 두 사람의 주위에 학생들이 모여들었다. 디즈레일리는 나이도 어리고 힘도 약했으나 그 대신 민첩하고 발길질을 잘했다. 그는 용감할 뿐만 아니라 실로 합리적으로 싸웠다. 잠깐 동안에 상대방은 피투성이가 되었다. 이렇게 상대가 의식을 잃어가는 모양을 전교생이 놀라움으로 바라보고 있었다. 끝내 그는 쓰러지고 말았다. 한 체제의 붕괴(崩壞)가 멍청한 침묵 속에 받아들여졌다.

 아마 고간 목사의 생도들은 이 승리자가 3년 전부터 남몰래 권투 레슨을 받고 있었다는 이야기를 들었다고 해도 이렇게 놀라지는 않았을 것이다.

브란멜과 성 이그나티우스

고간 박사는 아이작 디즈레일리에게 될 수 있는 한 빨리 아들을 데려가도록 당부했다. 이리하여 벤은 다시 자기 집과 방과 언제나 변함없는 가족의 관대함을 다시 보게 되었다.

집에 돌아온 후, 일주일 동안을 자기에 대해서 냉정하게 검토해 본 결과 최초로 얻은 결론은 자신이 전적으로 무지(無知)했다는 사실이었다. 정신을 밑바닥에서부터 고칠 필요가 있다고 생각했다. 그는 위대한 계획을 세우고 일년간 들어앉아서 공부를 다시 하기로 작정했다.

매일 아침 그가 서재에 들어가서 책을 가득 안고 나오는 것을 아버지는 다정하게, 그러나 회의적인 눈으로 보고 있었다. 매일 밤 그의 독서일기는 이런 메모로 메워졌다.

"6월 2일, 금요일 —— 루키아노스(그리스의 작가) —— 테렌티우스(로마의 희극 시인) —— 아데루프(테렌티우스의 희극) —— 재미있을 듯한 작품 —— 앙리아드(볼테르의 서사시)

—— 베르길리우스, 농사시(農事詩) 제2권, 바쿠스에의 유창한 기원(祈願)으로 시작되나 아깝게도 접목(接木)에 관한 졸음이 오게 하는 강화(講話)로 변하고 만다 —— 그리스어 공부 —— 문법."

다른 날에는,

"데모스테네스(아테네 최대의 웅변가)는 마음에 들지 않는다. 그 연설은 언제나 미덕·애국심·용기에 넘치고 있지만 역사를 참조해 보면 그는 부랑자, 당파심이 강한 사나이, 그리고 겁쟁이였다."

이 꿈많은 소년은 실내화를 신은 채 산더미 같은 사전(辭典)을 안고 온 집안의 방을 들락거렸다. 깔끔한 디즈레일리가 "얘야, 제발 네 책을 좀 정리해 주려무나" 하면서 공부는 일정한 장소에서 하도록 당부해도 소용없었다. 아들이 베네치아의 음모의 역사나 대수도원의 역사를 만만찮은 정열로 연구하고 있는 것이 《문학 잡담》의 저자에게는 마땅치가 않았다. 비밀결사(秘密結社)에 관해서, 비밀법정(15세기 독일에서 위세를 떨쳤다)에 관해서, 10인회(베네치아 공화국의 비밀위원회)에 관해서, 예수회에 관해서, 무슨 새로운 사실은 없을까 하고 그는 찾아 헤맸다. 성자(聖者) 이그나티우스 로욜라(1491~1556. 예수회를 창시한 성인)전을 반복, 숙독하며 그 용기에 매혹되었다. 이그나티우스가 자신에 관한 문제 —— '만일 그대가 성자가 될 수 있다고 존경받으려면 어떻게 하여야 할 것인가?' 이것은 바로 그가 데모스테네스나 키케로(로마 최대의 웅변가)나 피트(1708~1778. 영국의 정치가)에 비교한 자기에 관한 문제이기도 했다. 그는 '향략 때문이 아니

제1부 27

고 행동하기 위해 스스로를 키워라'는 가르침을 사랑했다. 특히 성 이그나티우스가 어떻게 해서 제자를 모았으며 그들로부터 사랑을 받았는가를 연구했다. 가톨릭 교회의 조직은 그를 감탄의 마음으로 채웠다. '아아! 동시에 정신적인 권력이기도 하고 또한 세속적인 권력이기도 할 것…… 아르베로니(1664~1752. 이탈리아의 신부이자 또한 스페인의 수상)나 리슈류(1585~1642. 추기경이자 프랑스 수상)가 될 것…… 완벽한 생애.'

이러한 말들은 아이작 디즈레일리를 슬프게 했다. 원, 세상에. 그가 존경하는 볼테르의 가르침을 따라 키워 온 제자의 마지막 꼴이 이 모양이었던가? 회의적 박식가(博識家)가 신비적 박식가를 낳았던가? 그렇다고는 해도 우스운 신비주의자였다. 소박하고 자연적인 것이 이 젊은이를 그와 같은 이론으로 인도한 것은 전혀 아니었다. 오히려 그는 이성(異性)에 의해 이성으로부터 빠져나온 것이라고 말할 수 있을 것이다. 이 사실이 디즈레일리를 초조하게 했다.

그는 모든 행동을 혐오하고 있었으나 어떻게든 해야겠다는 필요를 느꼈다. 아들을 좀더 단순하고 좀더 실제적인 일로 향하도록 해주고 싶었다. 그 무렵 친구의 한 사람이며 변호사인 메이플스가 벤저민을 자기 비서로 삼겠다고 제안해 왔다. 그에게는 딸이 하나 있었는데 이 딸의 아버지로서 생각하는 바가 있었던 것이다. 그러나 벤저민은 사무실에 틀어박힌다는 것은 생각만 해도 화가 났다. '변호사업! 쳇, 40살까지 법조문과 농담으로 소일하고, 잘 되어봤자 기껏 준남작(準男爵)의 칭호 정도겠지. 더구나 이 직업으로 성공하려면 대법학자가 되어야 한다. 대법학자가 되려면 위인(偉人)이 되는 것은 단념해야 한다.' —— "조심하는 게 좋다"고 디즈레일리는 말했다.

"너무 성급하게 위인이 되려고 하지 말아라 애야……. 요즘 청년은 건실하고 올바른 직업 따위는 본 체도 안 하게 되었지만. 그들을 위해, 너를 위해 나는 매우 걱정스럽구나."

그리고 아들이 그런 엄청난 야심을 품고 있는 것을 안타깝게 생각했다. 태생이라든가 민족 같은 것이 여러 점으로 그가 나아가는 길을 방해하고 있다고 덧붙였다. 그리고 또 좀더 높은 지위를 바라는 것은 좋다 해도 어째서 우선 변호사 사무실이라는 훌륭한 관찰 장소에서 인간을 바라보려고 하지 않느냐? 나중에 다른 길로 나아간다 해도 방해될 것은 하나도 없다고.

이 마지막 충고가 벤저민을 움직였다. 그는 인간에 대해서 몰랐기 때문에 이것을 알고 싶다고 생각하고 있는 것은 사실이었다. 많은 위인이 혼자서 생각하려고만 하고 군중에 대한 연구를 소홀히 했기 때문에 실패한 사실을 그는 독서를 통해 알고 있었다. 이와 반대로 집단 속에 뛰어들어 그 느끼는 바와 약점을 체험으로 알아 둘 필요가 있었다. 지상의 계획에 성공하기 위해 동물로 변신한 주피터의 신화는 그에게 좋은 본보기로 생각되었다. 그는 승낙했다.

프레드릭 광장의 메이플스 변호사 사무실에서 그는 정치가·은행가·상인들이 찾아오는 것을 보았다. 밤에는 부친의 도서실에서 독서를 계속했다. 때로는 고용주에게 초대도

받았다. 거기서 젊은 부인네들과 아가씨들을 만났는데 그는 크게 환영을 받았다. 벨벳(비로드) 같은 눈, 곧게 뻗은 코, 신경질적인 입, 그리고 매우 창백한 안색을 하고 있었다. 여성과 함께 있을 때나, 여성에 관해서 이야기할 때 그는 애써 냉소적인 태도를 취했다. 그것은 배신당하는 데 대한 두려움과 마음속에 감춰진 소심함, 상상력의 결여 등에서 오는 어색한 열등의식을 갖는 시니시즘이었다. 벤저민은 《돈 후안(바이런의 시)》을 읽고 바이런을 자신의 신처럼 숭상하였으나 사실 그가 아는 것은 시인이 보여 주려고 한 일면 뿐이었다. 마침 그 당시는 브란멜(1778~1840. 영국의 멋쟁이)이 약간 번거로운 가장(假裝)과 역설적인 오만으로 시류(時流)에 영합하고 있었다. 그는 제과직공(製菓職工)의 손자라는 극히 천한 출신의 모범을 보여주고 있었다. 그리고 런던의 유행을 좇는 속물들로 하여금 그를 얕보는 자만심으로 눈이 휘둥그레지게 하고 있던 때였다. 신분이 높은 자, 권력자, 현학자(衒學者)의 오만은 그 전에도 있었다. 그러나 멋쟁이라는 것은 완전히 순수하고 보상이 없고 그 자신에게만 힘을 펴내는 오만을 말하는 것이었다. 빛나는 모범이 이 방법의 성공을 증명하고 있었다. 젊은 디즈레일리는 중산층인 법률가의 세계에서 이 방법을 시도해 보려고 했다. 그는 엄청나게 신경을 써서 검정 벨벳 양복, 레이스로 된 카프스, 검정 비단 양말에 빨간 리본이라는 복장을 하고 염치없이 부인들을 바라보고 남자들에게는 뽐내면서 대담을 하였는데 이내 이러한 태도가 확실한 효과를 가져온다는 것을 깨달았다. 기혼(旣婚)의, 더구나 아름다운 부인들이 종종 미소로써 그를 바라보았다.

당연히 장년(壯年) 남자들의 부러움을 사게 되었다.
 아버지는 가끔 출판업자인 조 말레이의 만찬 초대에 그를 데리고 갔다. 거기서 그는 유명한 작가들을 만나 그 대화를 듣고는 마음을 빼앗겼다. 그는 사뮤엘 로저스(1763~1855. 시인)와 바이런의 친구이며 이탈리아에서 이 시인과 만나고 귀국한 지 얼마 안 되는 톰 무어(토마스 무어, 1779~1852. 시인)를 만났다.
 "말씀해 주세요"
하고 디즈레일리는 물었다.
 "바이런은 무척 변했지요?"
 "네, 얼굴은 붓고 몸은 뚱뚱해지고 머리칼은 회색이 되어 옛날의 정신적 활력은 없어졌습니다. 이도 나빠졌습니다. 진찰을 받으러 영국으로 한 번 돌아올 필요가 있다고 말하고 있더군요."
 젊은 벤저민은 열심히 귀를 기울였다. 그리고 저녁 때 집으로 돌아오자 기록을 했다.
 프레드릭 광장의 사무실이 벌써 그에게 지루해지기 시작했다. 그의 상대로 정해져 있던 아가씨는 자진해서 그에게 말했다.
 "아니에요, 안 돼요. 선생님은 이 직업에 종사하기엔 재능이 너무 많으신걸요. 절대로라는 건 아니지만 하실 수 없어요."
 그는 한시바삐 이 곳에서 빠져나가고 싶었다. '나중에 성공하는 따위는 성공이라고 할 수 없어. 그렇게 되면 불후의 명성과 동시에 죽음에 도달한다는 이치가 된다. 마케도니아인(알렉산더 대왕)의 무훈(武勳)을 읽고 자기의 청춘이 흘러가버리는 것을 울며 슬퍼했던 젊은 시저를 생각해 보라. 파르살(텟사리아의 지명. 시저는 여기서 폼페이우스를 격파했다)의 승리조차 그 고뇌를 충분히 보상했다고는 할 수 없다. 파리의 거리에서 굶주림으로 죽어가고 있던 미천한 보나파르트(나폴레옹)를 생각해 보라. 그러한 생활의 고통에 비한다면 세인트 헬레나가 도대체 무엇이란 말이냐? 영광의 추억은 가장 음울한 감옥조차 빛나게 만들어 주지만 초인적인 에너지가 그 기적을 성취하지도 못한 채 서서히 사라질때, 수레고문〔車拷問〕, 목마고문(木馬拷問), 어떠한 고문이 이 고통에 필적할 수 있다는 말인가?'

그때 마침 부친과 함께 독일을 여행한 것이 결심을 더욱 재촉했다. 청춘을 서류 조사로 허송해버리기에는 이 세상은 너무도 아름답고 너무도 많은 일들이 있다. 담쟁이덩굴로 뒤덮인 탑이 굽어보고 있는 신비스러운 언덕 아래, 라인강의 아름다운 흐름을 따라 거닐면서 그는 돌아가면 곧 어려운 법률서 따위는 팽개쳐버리겠다고 결심했다.

사 업

프레드릭 광장에 있던 마지막 몇 개월 동안에 디즈레일리는 사무실 단골인 많은 사람들이 미국 광산에 투자하여 단번에 재산을 만드는 것을 보았다.

스페인과 포르투갈의 식민지인 멕시코·볼리비아·페루·브라질 등 도처에서 반란과 폭동이 일어나고 있었다. 수상(首相) 캐닝(1770~1827)은 자유의 원칙이라는 이름 아래 그들을 지지했으며 그 바람에 자본가들은 현지에서 광산 채굴의 권리를 손에 넣었다. 민중은 자기네들의 이론과 이익을 동시에 얻는 것을 기뻐하였으며 주가(株價)는 한없이 폭등했다. 오름세가 엉망이라고 생각한 디즈레일리는 자기보다 나이 많은 또 한 명의 서기와 함께 처음에 내림세에다 걸기로 했다. 두 젊은이는 처음 소액을 투자했다가 실패했으므로 이번에는 좀더 크게 해보았다. 그러나 오름세가 여전히 계속되었으므로 정신을 차리고 보니 천 파운드나 손해를 보고 말았다. 충동적으로 그들은 작전을 바꾸었다. 이번에는 오름세에다 걸었다.

이런 일을 하는 동안에 디즈레일리는 남미(南美)의 주식 시장을 좌지우지하고 있는 자본가의 한 사람인 존 디스톤 파울즈와 관계를 갖게 되었다. 파울즈는 이 스무 살 난 젊은이의 총명에 경탄하여 그에게 관심을 가졌다. 한편 디즈레일리에게는 여태까지 자기가 그 이상한 힘의 신비에 매료되어 있던 재계(財界)에 발을 들여놓는 일이 기뻤다. 파울즈는 우선 대중을 위해 미국의 광산에 관한 팜플렛을 편집하여 출판하도록 그에게 의뢰했다.

디즈레일리는 광산 문제에 관해서는 전혀 알지 못하였으나 콧대만은 매우 높았다. 그는 며칠 사이에 정보를 수집하여 엄청나게 묵직한, 그러나 매우 읽기 쉬운 소책자를 편집하여 아버지의 친구인 출판업자 말레이에게 파울즈의 출자로 출판할 것을 승낙받았다.

여태까지는 디즈레일리가 자기집 만찬회에 와 있는 것을 보고도 모르고 지낼 정도였던 말레이가 이 젊은 미청년(美靑年)의 설득력과 침착함에 경탄했다. 어느새 자기가 출판업자로서의 장래에 대해서 이 청년과 극히 친밀하게 이야기하고 있음을 깨닫고 놀랐다. 그 출판업자는 중요한 잡지, 〈쿼털리 리뷰〉를 이미 내고 있었다. 그러나 말레이는 〈타임즈〉를 본따서 일간 신문을 창간하면 재미있지 않을까 생각하고 있었다. 디즈레일리는 매우 마음이 동했다. 그러자 원래 소극적이고 소심한 말레이는 당황하여 주저하기 시작했다. 그러나 상대방은 그보다 과단성 있는 인간이었다. 자기의 신문을 갖는다는 것이야말로 젊은 디즈레일리가 원하는 바였다.

거기에는 간접적이긴 하지만 권력이 있다. 확실히 보수적인 대신문의 창간이 필요했으며 게다가 말레이, 파울즈 그리고 디즈레일리의 세 사람이 출자하기로 했다. 하지만 디즈레일리는 어떻게 출자액을 마련할 것인가? 그는 그 따위 일은 생각해 보지도 않았다. 돈쯤이야 어디서든 구할 수 있겠지. 그밖에 필요한 것은? 주필(主筆)인가? 디즈레일리에게는 생각이 있었다. 월터 스콧 경(1771~1832. 스코틀랜드 출신의 소설가)의 사위인 로크허트를 끌어들이면 된다. 스코틀랜드에 살고 있다고? 그렇다면 런던으로 불러오면 된다. 디즈레일리 자신이 만나러 가서 설득하자. 외국 통신원, 인쇄소, 사옥(社屋)이 필요하다고? 그것도 디즈레일리가 모두 떠맡자.

이렇게 해서 말레이는 집요하게 졸리다가 끌려들어서 더 이상 저항할 수가 없게 되었다. 그리하여 계약서가 작성되고 대일간신문(大日刊新聞)의 창간이 결정되었다. 자본은 절반을 말레이가 내고 파울즈와 디즈레일리가 4분의 1씩을 내게 되었다. 디즈레일리는 즉각 사자(使者)로서 스코틀랜드로 떠났다. 마차 안에서 그는 프로왓사르(프랑스 14세기의 연대기 작가)를 읽고 더할 나위 없는 행복을 느끼면서 이렇게 생각했다. '모험은 모험가에게.'

그는 세심한 배려로 기획의 준비를 해나갔다. 옛날에 열중했던 비밀 결사의 추억도 도움이 되었다. 그는 말레이에게 암호표(暗號表)를 남겨놓고 가면서 실명(實名)을 명기하지 않고 서류를 기록할 수 있도록 해놓았다. 월터 스콧 경은 '기사(騎士)', 로크허트는 'M' 수상인 캐닝은 'X', 말레이 자신은 '황제'라고 되어 있었다. 에든버러에 도착하자 그는 장인의 훌륭한 영지(領地)인 아보트포드의 시골집에 살고 있는 로크허트에게로 자기의 신임장(信任狀)을 보냈다.

로크허트는 그 열의(熱意)에 감동되어 다음날 이 젊은 사자를 장인에게 소개했다.

그의 사위에게 훌륭한 지위를 가져다 준 젊은 히브리인은 '기사'로부터 크게 환영을 받았다. 아름다운 도서실에서 무릎과 어깨에 여남은 마리의 폭스 테리어를 쓰다듬으면서 그는 젊은이의 설명을 호의를 가지고 들으면서 그 꿈 많은 정열을 흐뭇해했다. 그 자신도 사업을 좋아했다. 그는 계획에는 찬성했지만 그 대신 사위에게 하원(下院)의 의석 자리를 요구했다. 대신문의 주필은 하원에 의석을 가지고 있어야 된다고 생각했기 때문이다.

일 년에 2천 5백 파운드로 로크허트가 〈쿼털리 리뷰〉와 신문의 총지휘를 한다는 조건으로 승낙을 얻어낸 디즈레일리는 런던으로 돌아왔다. 돌아오자 사무실과 인쇄소를 빌리고 코브렌츠에서 사귄 독일인을 통신원으로 채용하고 이 사나이에게 이 신문이 전 세계 뉴스의 중심이 된다고 단언했다. 또한 유럽·남미·합중국의 여러 수도에도 통신원을 두었다. 그러나 모든 것이 순풍을 타고 있는데, 드디어 신문이 발간되는 단계라고 생각되었을 때 의기양양한 벤저민에게 무서운 폭풍이 휘몰아쳤다.

그는 말레이 출판사의 내막을 몰랐고 그것을 누구에게 들어본 일도 없었고 또 스스로 조사해 보는 것도 게을리하고 있었다. 그리고 로크허트와 같은 중요한 인물이 거기에 가담하게 되면 소동의 불씨가 된다는 사실을 전연 염두에 두지 않았다. 그런데 작가이며 전쟁 중에는 차관(次官)까지 지낸 유능한 정치가인 존 윌슨 크로커는 가시가 돋친 심술궂은 사나이로서 말코레이 (1800~1859. 영국의 역사가·정치가)는 그를 가리켜 식어빠진 송아지 수육처럼 싫은 놈이라고 말했다. 이 잡지의 유력한 협력자였던 그는 자기도 모르는 사이에 출판업자가 스무 살짜리 애송이와 둘이서 꾸민 계획을 알고 격노했다. 그는 말레이에게 노발대발하며 공격을 퍼붓고 그 때문에 말레이는 디즈레일리를 원망했다. 비밀로 해두어야 할 계획을 디즈레일리가 누설했다고 나무랐다. 그와 거의 동시에 주식시장에서는 미국 주가가 폭락하기 시작했다. 두 젊은 서기의 처음 육감은 맞았으나 이미 때는 늦었던 것이다. 그들이 오름세로 사들인 남미(南美) 광산주가 전격적으로 폭락했다. 며칠 되지 않아 유명하던 파울즈도 깨끗이 파산하고 말았다. 디즈레일리와 그의 친구 에반즈는 7천 파운드에 달하는 거액의 돈을 잃었다.

가련한 디즈레일리는 적어도 출자자로서는 신문 창간에 참여할 수 없게 되었다. 겨우 스무 살에 도저히 갚을 수 없는 막대한 부채를 짊어지고 말았던 것이다. 친구도 신용도 지위도 일시에 잃었다.

이 세상은 처음 그가 생각하고 있던 것보다 훨씬 생각대로 되지 않는, 힘든 것이었다.

그는 의기소침하여 완전히 낙담한 채 집에 돌아왔다. 정신의 태엽이 고장나고 만듯한 기분이었다. 아버지는 7천 파운드의 부채라는 중대한 모험 결과를 몰랐으므로 그 나이로 (그의 말에 의하면) 인생은 이제 끝장이 났다는 따위의 말을 지껄이는 것은 어리석은 짓이라고 주장했다. 벤저민은 며칠 동안 다만 자기의 실패를 반추할 뿐이었다. 그러나 일 주간의 휴식과 명상과 어디가 나빴던가를 곰곰이 검토해 본 뒤 갑자기 무엇인가 쓰고 싶은 욕망, 좀더 정확하게 말하자면 소설을 쓰고 싶다는 생각을 갖고 있다는 것을 깨닫고 놀랐다. 처음으로 경험한 사회 생활, 싸움, 그리고 좌절, 그 드라마를 묘사하고 그 이름을 빌려서 자기를 설명할 수 있는 그런 주인공을 창조해 보고 싶다는 기분을 갑자기 품게 되었던 것이다.

무슨 일이나 재빨리 실행하는 청년이었던 그는 정치적 영광을 기다릴 수 없었던 것과 마찬가지로 책을 쓰는 데도 시간을 허비하지 않았다.

이 책은 21살도 되기 전에 누구나 가족도 모르는 사이에 4개월만에 씌어졌다. 이 작품은 졸작이기는커녕 디즈레일리가 스스로 관찰할 수 있었던 것, 즉 비비안의 청춘도, 그의 부친도, 학교도 모두 진실되고 생생하게 묘사되어 있었다. 문장의 어조는 시니컬했다. 안목이 있는 비평가라면 거기서 볼테르의 영향, 스위프트의 영향을 발견했을 것이다. 대화에는 그가 말레이의 집이나 스콧의 집에서 얻어들은 것이 인용되어 있었다. 그러나 독창적인 부분은 매우 치졸했다.

디즈레일리가(家)의 이웃에 오스틴이라는 변호사가 살고 있었는데 그 아내는 교양과 재기에 넘친 매우 아름다운 여성이었다. 소설을 쓰고 있다는 사실을 그는 그녀에게 털어놓았다. 그녀는 다 쓰거든 그 원고를 읽어 보고 그것이 성공적이라면 그 당시 런던에서 가장 과감한 출판업자였던 친구인 콜밴에게 부탁해 주겠다고 자청했다. 디즈레일리는 원고를 아름다운 변호사 부인에게 건네주자, 다음 날 벌써 열광적인 편지를 받았다. 콜밴의 호기심을 자극하기 위해 소설은 저자(著者)의 이름을 밝히지 않고 넘겨 주기로 했다. 그녀와 디즈레일리만이 비밀을 알고 있었다. 그밖에 안전을 기하여 그녀는 원고의 사본까지 스스로 만들어 두었다.

《비비안 그레이》의 성공은 대단한 것이었다. 모델이었다고 일컬어지는 실존인물의 이름을 쓴 참고서까지 팔렸다.

그런데 갑자기 어느 바보의 경솔함 때문에 비밀이 누설되었다. 한 달 전부터 그 재능과 영국 사교계의 지식을 함께 자랑하는 미지(未知)의 작가가 아직 20살의 애송이이고 사교계에도 출입하지 않고 있다는 것을 알고 유행을 좇는 사람들의 분노가 폭발했다. 그들은 이구동성으로 저자의 천한 태생을 알아차리지 못한 것이 이상할 정도라면서 작품의 문투만 보아도 알 만한 일이라고 말했다. 한편 자기가 우스꽝스러운 초상으로 묘사되고 있다고 생각한 무리들은 괴수의 목이라도 자른 듯이 쾌재를 불렀다. 진짜 모델은 격분했다.

"진짜 사교계의 인사라면 알지도 못할 일들을 끈덕지게 늘어놓는 투만 보아도 저자의 출신을 곧 알 수 있다"
고 어느 비평가는 지적했다. 또 다른 비평가는 "이 책의 출판을 허락한 뻔뻔스러운 처사"를 고발했다. 제3의 비평가는 저자가 가장 천하고 가장 불쾌한 방법으로 대중을 현혹시킨 사실을 나무라고 그에 대해서 "제 것도 아닌 신분을 우스꽝스러운 허식으로 가장하고 있다"고 장황하게 비아냥거렸다.
 이 잔혹한 비평을 읽고 디즈레일리는 신문을 떨어뜨린 채 슬픈 몽상(夢想)에 잠겼다. 자기가 웃음거리가 되고 있다. 이것은 그가 이 세상에서 무엇보다도 두려워하고 있는 일이었다. 웃음거리……, 이젠 죽는 수밖에 없다……, 그는 웃어 보려고 했다. 그러나 쓰디쓴 웃음밖에 나오지 않았다. 그 따위 놈들의 오만함……. 그는 눈을 감고 격한 감정을 누르고 공평한 이성의 판단에 도달하려고 노력했다. 나는 정말로 사람들이 말하는 것처럼 글을 쓸 능력도 없고 글을 쓰기에 적당하지 않은 인간일까? 정직하게 말해서 그의 답은 노였다. 그의 책은 확실히 평범한 것이었다. 그러나 문학적 창조는 그의 존재에서 뺄 수 없는 것이었다. 그 어린 시절의 환상, 광명과 사치의 배경 속의 왕과 정치가와, 아름답게 사람들을 감동시키는 그런 여성은 아직도 변함없이 그의 안에서 삶이 주어지기를 요구하고 있었다. 그와 같은 몽상의 아름다움에 비하면 어리석은 자들의 조롱 따위는 문제도 되지 않았다. 그는 어떠한 장애물이 있더라도 작가 —— 가장 위대한 작가가 되리라고 스스로에게 맹세했다.
 그러나 일 년 동안에 그는 너무나 강한 감동을 경험했다. 신경이 견디지 못할 지경이었다. 오스틴 부부는 그가 너무 의기소침해 있는 것을 보고 《비비안 그레이》의 마지막 몇 장을 실제로 실현시켜 그를 이탈리아로 데려가겠다고 제안했다. 그는 기꺼이 승낙했다.
 한 달 뒤, 그의 배는 밝은 달빛 아래 대운하의 물 위를 미끄러져가고 있었다. 은빛 파도가 몰 풍(風)의 아름다운 집들을 적시고 있었다. 세레나데의 가냘픈 가락이 따뜻한 공기 속에 이어지고 있었다. 성 마르코 광장에서는 오스트리아의 군악이 연주되고 있었다. 세 개의 커다란 깃발이 아름다운 색깔의 탑 위에 펄럭이고 있었다. 방바닥은 대리석, 커튼은 진홍빛 공단, 의자는 금빛, 천장은 틴토레토(1815~1894. 이탈리아의 화가)의 그림, 그리고 호텔 그 자체가, 많은 공화국 총독을 낳은 바르벨리니가(家)의 저택이었다는 점이 디즈레일리는 기뻤다.

은둔생활

　여행은 마음을 진정시켜 주었으나 건강상태는 좋아지지 않았다. 끊임없는 두통 때문에 일은 거의 할 수 없었다. 의사는 뇌막염인지도 모르겠다고 했다. 그의 부친은 런던을 떠나기로 결심하고 버크 주(州)의 숲 속 브레이드남에다 커다란 농가를 사두었는데 젊은 병자는 거기에서 안식처를 구했다. 이 새로운 집의 거실 큰 난로 앞에 앉아서 그는 누나인 사라와 함께 현재의 상태를 정확하게 검토해 보았다.
　또다시 패배한 것이다. 양팔을 벌려서 그가 잡으려고 한 현실은 그 손가락 사이로 빠져나갔다. '불행한 조숙(早熟)함이 낳은 그림자 왕국'에다 그는 또 하나의 환영(幻影)을 더했던 것이다. 그러나 무엇 때문이었을까? 패배는 감수한다고 쳐도 그는 거기서 교훈을 얻으려고 했다.
　우선 저서에 있어서나 실생활에 있어서나 나는 젠 체하고, 오만하고 에고이스트였고 더구나 허영심이 강했다 —— 확실히 그렇다. 그러나 정말로 이것은 결점일까? 누구나 성공할 때까지는 허세를 부릴 권리가 있다. 바이런은 그보다 더 허세를 부렸으나 성공했다. —— 그러나 바이런은 바이런이다. 그렇다면 대시인이며 고귀한 태생이면 거만함도 용서받는단 말인가? —— 잘못된 추론(推論)이다. 태생이 천할수록 더욱 더 거만함이 필요할 것이다. 그는 비록 실패는 했지만 자기의 용감한 변덕이 막대기처럼 딱딱한(마치 코르셋을 뒤집어쓴 신사처럼) 평범한 작가나 해설자들의 단정한 완벽함보다 훨씬 좋다고 믿고 있었다. 댄디즘(멋부림)이야말로 가장 용감한 태도이다. 특히 패배에 있어서는 더욱 그렇다. 다만 그것을 좀더 완벽한 것으로 할 수도 있었다. 계산된 무관심 쪽이 노골적인 허세보다 좋았겠지. 뉘앙스의 문제이다.

좀더 큰 과오는 그가 인생을 다그쳐 무리하게 성공을 성취하려고 한 점이었다. 하루만에 위인이 될 수는 없다고 부친이 말한 것은 옳았다. 아무리 뛰어난 재능을 갖고 있다고 해도 지도자의 입장에 서려고 할 때 아직 자기는 애송이에 지나지 않다는 사실을 그는 인정하지 않을 수 없었다. 스스로 지도적 입장에 설 수 없는 슬픔 때문에 동반자를 물색하지 않을 수 없었으나 선택법이 틀렸다. 사람을 알아 보고 특히 남의 도움 없이 해나가는 법을 배워야 했다. 그러기 위해선 기다림이 필요했다. 인내야말로 우선 제일 필요한 미덕이다. 그는 원래 작은 일에는 인내심이 강했으나 그것도 이제는 분(分) 단위를 연(年) 단위로 바꿀 필요가 있었다. 괴로워도 그렇게 하지 않으면 안 된다……. 그리고 또 무엇일까? 말이 많고 너무 빨리 사람의 주의를 끌어서 적을 만들고 말았다. 조심성, 도회(韜晦)(자기의 능력이나 행적 등을 감춤), 무감동을 배워야 한다. 상대방에게 거리감을 두게 할 만한 품위 있고 정중한 오만, 이 일치시키기 어려운 두 가지 것을 자기 것으로 만들 것. 그때까지는 임시변통으로 경박이라는 가면을 쓰고 있는 게 좋겠지. 레츠(1613~1679. 프랑스의 정치가·평론가), 라 로슈프코(1613~1680. 프랑스의 모럴리스트·작가)를 읽을 것, 그들은 이러한 문제에 관한 대가이다. 그리고 나폴레옹에 관한 것이라면 무엇이든 반복·숙독할 것. 그리고 아무리 친한 사람에게도 절대로 비밀 얘기를 하지 말 것.

정신적 결산표에서 경제적 결산표로 옮겨가 보니 그 쪽은 더욱 비참했다. 《비비안 그레이》로 2백 파운드가 손에 들어왔으나 디즈레일리는 그것을 파울즈가 파산했기 때문에 지불할 수 없게 된 광산에 관한 팜플렛 비용으로 말레이에게 지불하고 말았다. 그가 지불해야 할 의무가 있는 것은 아니지만 돈이 없는 만큼 대범하게 보이고 싶었던 것이다. 증권거래소의 빚은 일부는 동료 서기 에반스의 저금으로 갚고 나머지 대부분은 고리대금업자에게 빌린 돈으로 갚아버렸다.

런던에 나올 때면 그는 차차 친구들하고도 만나게 되었다. 그는 같은 나이 또래의 젊은 작가 에드워드 리튼 바루워와 편지 왕래를 하고 있었으나 바루워는 《비비안 그레이》가 나온 지 얼마 뒤에 《페람》이라는 소설로 더욱 화려한 데뷔를 하고 있었다. 바루워도 디즈레일리와 마찬가지로 멋쟁이 생활을 하면서 책을 쓰고 있었다. 그는 매우 아름다운 아내를 데리고 돈도 없으면서 호사스러운 생활을 하고 하드포드가(家)의 훌륭한 집에 곧잘 친구들을 초대했다.

그런데 디즈레일리 자신은 그와 대조적으로 시골에서 일을 했다. 숲 속 아니면 자기 방에서 스위프트나 루키아노스 식의 풍자소설을 두 권, 《젊은 공작》이라는 사교계 소설을 한 권 탈고했다. 부친인 디즈레일리는 이 제목에서 약간 충격을 받아 사라에게 이렇게 말했다.

"《젊은 공작》이라고? 벤이 공작에 관해서 도대체 무얼 안다는 거지?"

콜밴이《젊은 공작》을 5백 파운드로 사주었으므로 이것으로 당분간은 고리대금업자를 무마할 수 있었으나 이 책은 그다지 성공하지 못했다.

종종 그는 의회에 가서 연설을 들었다. 그러고는 연설가들을 신랄하게 비판했다.

"필은 진보했다. 그러나 스타일을 갖고 있지 않다……, 캐닝의 연설은 듣고 보니 대웅변가야. 하지만 이야기에 케케묵은 투가 너무 많아, 로드〔貴族〕들보다 공작(웰링턴)쪽에 나는 더 감탄한다. 그는 몽테뉴 식의 까다로운 소박함을 갖고 있어, 이것은 신기하면서도 새롭다. 그리고 무엇인가를 갖고 있다……. 한 가지는 분명하게 말할 수 있지. 즉 하원(下院)과 상원(上院)과는 두 개의 전혀 다른 스타일이 필요하다는 점, 시간이 허락만 한다면 앞으로의 생애에서 그 두 개의 견본을 내가 보여주겠지만. 하원에서는《돈 후안》을 모범으로 할 것, 상원에서는《실락원(失樂園)》이 모범이다."

의사당을 나오면서 그는 흥분하여 꿈꾸는 듯한 기분으로 나중에 자기가 말하게 될 웅변, 항거할 수 없는 논증, 빛나는 세부적인 논술(論述), 특히 그 논조, 사막의 열풍처럼 타오르는 야유로 찌르고, 또는 갑자기 비수처럼 번득이는 기지, 주변에 있는 시골신사들의 지루하게 끌기만 하는, 진득거리는 연설 따위는 부끄러워 얼굴도 못 들 만큼의 유머의 파도 등등을 상상해 보았다. 그리고 마지막으로 모든 당파의 더할 나위 없는 호응 속에 반론의 여지도 없는 결론이 나오게 마련일 것이다.

사람으로 메워진 행길에서 그는 제정신으로 돌아왔다. 마차가 힘차게 포도(鋪道)를 달려갔다. 통행인은 그를 본 체도 않고 지나쳐버렸다. 영국인 한 사람 한 사람에게 디즈레일리는 생판 모르는 인간의 기묘한 이름이었을 것이다.

순 례

스무 살의 젊은 나이로는 은둔생활도 그리 길게 계속되진 못한다. 런던에서 눈부신 재등장을 하지 않으면 안 되었다. 그러나 어떤 형태로 할 것인가? 깊이 생각해 본 후, 여러 가지 이유에서 디즈레일리는 모든 행동을 시작하기에 앞서 긴 여행을 해야겠다고 확신하게 되었다.

대도시에서는 사람들의 건망증이 심하다. 몇 개월 동안만 떠나 있으면 아무도 신문의 실패나 소설의 스캔들 따위는 잊어버리게 되겠지. 말레이 자신조차 분노가 가라앉을 것이다. 마침 바이런 경이 저자(著者)의 여정(旅程)에다 여러 가지 삽화를 곁들인 여행시(旅行詩)를 유행시키고 있었다. 이것을 본뜨자. 이렇게 하면 거쳐온 나라들의 매력을 돋보이게 할 수가 있다. 그리고 그는 또 자기 민족의 최초의 모습을 보았던 여러 나라들을 자세히 알고 싶다는 욕구를 느꼈던 것이다. 유태인으로 태어난 것은 커다란 장애였으나 그것은 또 하나의 힘이라고도 할 수 있을 것이다. 어쨌든 그것이 어떤 의미를 갖는 것인가를 좀더 알아 둘 필요가 있었다. 그래서 그는 '일주(一周)여행'의 보통 코스인 프랑스·스위스·이탈리아라는 코스를 취하지 않고 선조가 오랫동안 살았던 스페인으로 우선 직행하고 이어서 지중해·그리스·터키를 거쳐 예루살렘을 참배하기로 했다.

부친은 2년이나 걸리는 여행이라는 데 놀랐다. 그 동의를 얻는 것이 어려웠다. 그러나 노인은 사방팔방에서 공격을 받았다. 사라는 동생의 친구인 윌리암 멜레디스라는 젊은 영국인과 약혼 중이었으나 이 멜레디스도 결혼 전에 벤저민과 일주 여행을 함께 할 생각이었다. 언제나 승리보다는 평화를 택하는 아버지 디즈레일리는 그들에게 양보했다. 그래서 두 젊은이는 1830년 6월 말에 출발했다.

맨 처음 도착한 땅, 지브롤터에서 벌써 그는 색다른 조끼 단추랑 잘 계산된 엉뚱한 화제로 젊은 장교들을 놀라게 했다. 아침에 짚는 스틱과 저녁에 짚는 스틱을 따로 준비하여 으스대는 여행자는 그가 처음이었다.

다음에 도착한 말타 섬에서는 경쟁자가 한 사람 나타났다. 제임스 크레이라는 영국인이었다. 이 사나이는 테니스는 주둔부대 안에서도 그를 당할 사람이 없고 당구(撞球)는 피냐테를리 대공(大公)도 상대가 안 되며, 에카르테(트럼프 놀이의 일종)는 러시아 공사도 적수가 못되었다. 아무리 봐도 대단한 상대였으나 다른 무기로 견주었다면 좋을 뻔했다. "사람을 지배하려면" 하고 벤은 부친에게 쓰고 있다.

상대를 그가 자신 있어 하는 것으로 때려 눕히든가 아니면 그것을 경멸하든가 하면 됩니다. 크레이가 한 쪽을 실행하고 제가 다른 한 쪽을 실행하고 있습니다만 우리들은 비슷하게 유명합니다. 허세가 이곳에서는 재치보다 성공합니다. 어제 제가 테니스 구경을 하고 있을 때 공이 제 발 밑에 떨어졌습니다. 저는 그것을 주워 무척 긴장해 있는 한 젊은 장교를 발견하고 그것을 경기자 쪽에 던져 주도록 정중히 그에게 부탁했습니다. 저는 아직까지 공을 던져 본 적이 없기 때문입니다. 이 사건은 여러 장교구락부에서 굉장한 화젯거리가 되고 있습니다.

그는 그리스의 해적처럼 핏빛 셔츠, 1실링짜리 동전만한 은단추, 피스톨과 비수를 단 밴드, 빨간 헌팅캡에다 빨간 슬리퍼, 자수와 리본으로 장식된 짙은 청색 바지를 입고 말타 섬을 떠났다. 그때 고명한 제임스 크레이도 동행하였으나 이것은 그의 승리의 하나였다. 그들은 하인으로 치타라는 사나이를 동반했는데 전에 바이런 경의 곤돌라 사공이었던 사나이였다. 시인을 위해 사람을 두세 명 찌른 적도 있고, 예쁜 처녀를 끌어들인 적도 있는 베네치아 태생의 미남이었다. 바이런이 사망한 후 이 사나이는 알바니아의 부대장으로서 그리스인을 위해 싸웠으나 어느덧 자신도 모르게 몰락해서 말타 섬으로 흘러들어왔다.

그런데 디즈레일리는 터키인이 무척 마음에 들었다. 그래서 터번을 하기도 하고, 여섯 자나 되는 긴 파이프를 입에 물고 긴 의자에 드러누워 한없이 즐거운 날을 보냈다. 그는 동방 도시의 움직임, 의상의 타입과 변화, 선명한 색채, 기도시간을 고하는 승려의 외침소리, 대상(隊商)이 가까이 왔다는 것을 알리는 원시적인 북소리, 그리고 또 허리띠를 늘인 아라비아인을 뒤에 거느린, 어마어마한 장식의 낙타를 사랑했다. 이러한 조용한 환경 속에선 야심도 가라앉았다. 세계가 갑자기 이제까지 보다 더 깊숙하고 비현실적인 것이 된 듯했다. 요정(妖精)의 세계나 아라비안 나이트의 이야기 속에서 살고 있는 듯했다.

다음 시리아를 지나 예루살렘이 가까워지자 묵직하고 엄숙한 인상으로 바뀌었다. 그의 정신은 타는 듯한 이 불모(不毛)의 풍경에 쉽사리 적응했다. 그 곳에서 몇 개의 유목민족과 만났다. 추장은 그를 환영하여 천막에 안내했다. 그들의 고귀한 단순성, 말과 글로는 표현할 수 없을 정도인 거동의 완벽함, 천성의 정중함은 그의 마음을 송두리째 빼앗았다. 자기 선조가 3천 년, 6천 년 전에 이러한 사막의 왕후(王候)였다고 상상해 보면서 그는 강렬한 희열을 느꼈다. 영국의 어떤 가족이 이런 과거의 문명을 보여 줄 수 있단 말인가?

그는 인적(人跡) 없는 고원(高原)을 지나갔다. 물도 없고 풀도 없고 새도 없었다. 여기저기 타는 듯한 푸른 하늘에 올리브나무가 비틀어진 실루엣을 그리고 있었다. 갑자기 그는 깊은 계곡가로 나왔다. 대안(對岸)의 산꼭대기에 돌로 만든 위엄있는 시가지가 보이고 둘레의 성벽에는 총구멍이 보이고 군데군데 탑이 솟아 있었다. 이 무서우리만큼 가열(苛烈)함을 지닌 풍경 속의 도시가 예루살렘이었다. 젊은 순례자가 서 있던 높은 지대는 '감람산'이었다.

그는 예루살렘에서 그 생애의 가장 감동적인 일주일을 보냈다. 흥분은 극도에 달했다. 성묘(聖墓) 앞에 가서 꿇어앉았다. 그리스도를 히브리의 젊은 왕자처럼 생각해 보는 것이 그는 기뻤다.

그로서는 유태인이 어째서 기독교도가 되지 않고 있을 수 있는지 이해할 수 없었다. 그것으로는 어중간해서 세계에 신을 가져다 준 민족의 영광을 포기하는 것이 될 수밖에 없는 일이었다. 이스라엘의 여러 왕릉 앞에서 그는 몽상에 잠겼다. 어렸을 때 그는 13세기 무렵 민족을 터키인의 지배로부터 해방시키려 했던 유태인, 데이비드 알로이의 이야기에 열중하였었다. 그 당시 유태인은 예속 민족이었으나 그래도 스스로 우두머리를 선택하고 이 우두머리는 '유수(幽囚)의 왕자'라는 우수(憂愁)어린 이름으로 불리고 있었다. 알로이도 왕자 중의 한 사람이었다. 그리고 같은 민족의 아들인 벤저민 디즈레일리도 역시 깊이 동경해 오던 이 나라로 흘러들어온 또 한 명의 유수의 왕자가 아니었던가? 여기 바위에 뚫린 좁은 안마당, 반쯤 열린 묘 앞에서 그는 알로이 이야기를 쓰기로 작정하고 다음 날부터 즉시 이 일에 착수했다.

팔레스타인을 떠난 그는 이집트에서 먼저 그곳에 가 있던 미래의 자형(姉兄)과 합류했다. 그의 자형 멜레디스는 그가 그곳에 도착한 지 며칠 후에 천연두로 죽고 말았다. 사라의 슬픔을 생각하면 귀로의 여정이 어두웠다. 그는 배 안에 틀어박혀서 일을 했다. 이렇게 하여 두 권의 초고(草稿)를 가지고 돌아왔는데 그 하나는 유태인을 다룬 소설 《알로이》였고, 또 하나는 《콘타리니 프레밍》으로 《비비안 그레이》와 마찬가지로 어떤 젊은이의 이야기였다.

10월에 브레이드남에 도착했다. 이미 정원의 밤나무에는 잎이 지고 있었다. 아버지는 무척 늙어 있었다. 과도한 독서로 시력은 약해지고 꿈꾸는 듯한 아름다운 눈은 빛을 잃고 있었다. 사라는 낙담하여, 동생에게 영원히 결혼하지 않고 너를 위해 평생을 바치겠다고 말했다. 이러한 분위기 속에서 그의 귀환(歸還)을 약간이나마 밝게 한 것은 놀라운 인물 치타의 존재였다. 디즈레일리는 이 사나이를 데리고 돌아오긴 했지만 난처해하고 있었다. 그러나 그의 부친은 바이런의 곤돌라 사공을 곤궁 속에 버려두고 모른 체할 사람은 아니었다. 그는 치타를 이렇다할 일정한 일도 없이 고용하기로 했다. 죽어가는 시인의 입술을 축여주고 그 최후의 말을 들은 긴 머리의 거구(巨軀)의 베네치아인은 놀라는 기색도 없이 이렇게 영국의 나무 그늘에 남방 태생의, 그 사람 좋은 모습을 정착시키게 되었다.

정치이론

빅토리아 왕조의 화폐에 새겨져야 했던 것은 빅토리아 여왕의 모습이 아니라 기관차의 연통이었다.

— 오스버트 시트웰 —

여행 중 내내 디즈레일리는 인생에 대해서, 이제까지의 자신의 경험에 대해서, 미래에 대해서, 여러 모로 생각해 보았다. 생각하면 생각할수록 자기에게 참된 행복을 가져다 줄 성공의 단 하나의 형태는 정치가의 생애임을 알게 되었다.

디즈레일리는 젊은 시절, 독서의 틈틈에서도 권력을 다투고 있는 2대 정당의 기원(起源)을 상세히 연구해 두었었다. 스튜어트 왕조를 몰아낸 1688년의 혁명(명예혁명) 때 왕권의 적, 왕위를 시샘하는 대귀족이나 기성교회에 적대하는 스코틀랜드의 청교도들을 비꼬아서 휘그라고 불렀으나 이것은 스코틀랜드 서부의 반도농민군(反徒農民群)을 가리키는 '휘츠가모어'의 줄인 말이었다. 따라서 이 호칭은 반항자, 즉

왕에게 적대하는 자를 표현하고 있었다. 왕당파(王黨派) 쪽은 적측(敵側)인 청교도들로부터 토리라는 이름이 붙여졌으나 이것은 아일랜드에서 도둑을 가리키는 말로서 그들이 아일랜드인과 마찬가지로 경멸할 교황제(敎皇制) 예찬자임을 나타내고 있었다. 종종 볼 수 있는 일이지만 이러한 별명이 오히려 당당히 통용되고 전투의 구령(口令)이 되어 있었던 것이다.

이 두 당파를 실제로 나누고 있던 동기는 스튜어트 왕조와 함께 없어진 셈이지만 당파는 그 명분(名分)이 없어진 후에도 살아남았다. 반란자를 조상으로 갖는 몇몇 대가족 중에는 휘그당의 전통, 독립과 왕권에 대한 반항의 전통, 반대파의 종교단체와 결부되는 전통, 그리고 또 가끔 진지한 자유주의의 전통이 남아 있었다. 동시에 마을의 소귀족(小貴族)이나 농민 신사의 대부분은 토리당이었으며 보수주의자이고 왕과 기성교회에 계속 충실했다.

그러나 프랑스 혁명, 뒤이어 나폴레옹 전쟁이 영국 민중의 머리 속에 자유주의의 관념과 기요틴을 결부시킨 덕택으로 토리당은 매우 오랫동안 정권을 잡고 있었다. 1815년까지 휘그당은 없는 거나 같았다. 이어서 평화가 비판적 정신, 산업 위기를 초래하여 불만을 불러일으켰으므로 개혁을 외치는 당의 세력은 증대했다. 1830년까지는 휘그당의 세력과 신망은 서서히 높아졌다. 프랑스의 7월혁명과 함께 그것은 거역하기 힘든 것이 되었다.

요컨대 모든 사정을 분석해 보면 1831년에 입후보하는 자는 휘그당이 되는 편이 재미있을 것처럼 보였다. 그러나 디즈레일리의 가족은 토리당이었다. 토리당은 역사상 아이작 디즈레일리에 있어 매우 소중한 스튜어트가(家) 쪽에 서는 당이었다. 그는 언제나 아들에게 휘그당이란 순교자인 왕에게 반항하는 과두정치(寡頭政治)의 당에 불과하다고 가르쳐 왔다.

게다가 휘그당이 그를 기꺼이 받아 주었을 것인가? 그들의 자유주의는 친구를 선택하는 데까지 미치지 못했으며 또 자유를 사랑하는 것은 그들에게 있어 그들 일파의 전매였다. 필요하다면 사람들은 토리당이 될 수 있었으나 휘그당은 태어날 때부터의 휘그가 아니면 안 되었다. 휘그당이 지배하는 나라란 베네치아 이야기를 열중해서 읽고 있던 디즈레일리의 생각에 의하면 왕 대신에 총독이 10인회의 도움을 받아 통치하는 나라와 같은 것이었다.

그렇다면 토리당에 투신하는 것이 좋단 말인가? 그러나 그것은 스무 살의 젊음으로 시대에 뒤떨어진 의견에 가담하는 일, 가두(街頭)에서 비웃음과 욕설을 듣는 사람들 밑에 붙는 일, 50년 동안 저질러온 과오를 묵인하고, 모든 개혁을, 설사 그것이 도리에 맞는 것일지라도 거부하는 일이었다. 바루워(훗날의 리튼 경)와 같이 급진파에 들어가 휘그당을 뛰어넘어 그들 자신의 무기로서 때려눕히는 일을 도모하는 편이 차라리 낫지 않을까? 휘그당이냐? 토리당이냐? 아니면 급진파냐? 아아, 선택이란 과연 어려운 것이다! 그런데 1831년의 영국에서는 정치가의 세계는 사교계와 겹쳐 있었다. 의회 진출의 열쇠는 살롱에 있었다. 살롱에서 호평을 받지 않으면 안 되었다. 토리당의 영수(領袖) 웰링턴 공작이나 로버트 피일, 휘그당의 당수 멜보른 경이나 존 러셀 경, 급진파의 지도자인 더함 경 등과 만찬을 함께 하지 않으면 안 되었다. 테이블을 둘러싸고 컷글라스가 부드러운 빛을 반영시키고 절충의 사이 사이에는 아름다운 여성들의 미소가 섞이는 그러한 장소에서 권력의 분배자와 만나는 일이 필요했던 것이다.

따라서 좀더 강력한 권력을 손에 넣기 위해서는 조금은 경박하게 행동하지 않으면 안 되었다.

런던 정복

나는 내가 무척 아름다운 다리를 갖고 있음을 깨달았다. 지금까지는 까맣게 모르고 있었는데……
— 디즈레일리의 서한 —

 부재(不在)는 예상했던 효과를 낳고 있었다. 즉 런던은 젊은 디즈레일리에 관해서 그가 재능있는 작가이며 우스울만큼 어처구니없는 복장을 한 대단한 미남이고 동방으로부터 이야깃거리를 잔뜩 가지고 왔다는 것, 따라서 그 이야기를 듣는 것은 좋은 심심풀이가 될 것이라는 정도의 것밖에는 이미 기억하고 있지 않았다. 그를 초대하는 사람이 하나 나타나자 잇따라 중요한 초대가 쇄도했다. 최초의 초대는 당연히 에드워드 바루워로부터의 것이었다.
 귀국한 지 수 주일이 지난 후 디즈레일리는 바루워로부터 다음과 같은 편지를 받았다.

친애하는 디즈레일리, 내가 군의 반가운 귀국 소식을 축복할 수 있는 최초의 한 사람이 될 수는 없을지라도 그 최후의 인간이 되지 않기를 바라네. 어제, 나는 군의 귀국을 우리들의 공통의 지기(知己)인 출판업자 콜밴으로부터 들었네. "디즈레일리가 다시 돌아왔습니다 — 젊은 디즈레일리 말씀예요! 여행에 관한 가벼운 기사를 그 사람이 써주지 않을는지?" 하고 그는 내게 말했지만 그 이야기는 나중에 하기로 하고…… 점잖은 사람들의 말투를 빌린다면 미세스 바루워는 오늘 아침 내게 아들을 하나 안겨 주었네. 이 편지가 짧은 이유도 그 일로 변명이 되리라고 생각하네. 하여튼 편지나 해주게. 그리고 군의 근황을 알려 주게.

수 주일 후, 디즈레일리는 듀크 스트리트에 독신자 아파트를 빌렸다. 사라는 꽃이 없으면 동생이 불행하게 여기는 것을 알고 있기에 브레이드남으로부터 제라늄 화분을 몇 개 보내 주었다. 그는 이것을 소중히 손질했다. 곧 그는 바루워의 집 만찬에 갔다. 집도 테이블도 엄청나게 기가 막힌 풍요로움이었다. 바루워 부인은 전에 없이 우아하고 아름다웠다. 무릎에는 극락조 만큼 작고 또한 그만큼이나 아름다운 강아지를 올려놓고 있었다. 잔(盞) 모양의 글라스에 샴페인을 내놓았다. 디즈레일리로서는 처음 보는 광경이었으나 그에게는 매우 세련된 것으로 생각되었다. 모인 사람들은 이러한 배경에 어울렸다. 명가(名家)와 미녀와 천재들. 특히 그는 쉐리단의 손녀딸의 한 사람인 노턴 부인과, 런던에 온 지 얼마 안 되는, 프랑스인으로서는 전례없는 멋쟁이의 대가라는 칭호를 듣는 알프레드 도르세 백작을 바라보고 있었다.

많은 귀부인들이 《비비안 그레이》와 《젊은 공작》의 저자를 소개받고 싶어했다. 그 중에서도 윈덤 루이스라는 부인이 —— 그녀는 의회 의원의 아내였으나 —— 꼭 소개받기를 원했다. 디즈레일리는 누님에게 보내는 편지에 이렇게 쓰고 있다.

아름다운 자그마한 부인으로 무척 장난을 좋아하는 수다쟁이여서 그 수다스러움은 비교할 사람이 없을 정도이며 누님에게 알리기가 곤란할 정도입니다. 그녀는 나에게 과묵하고 쓸쓸해 보이는 남성이 좋다고 말하더군요. 그래서 나도 그렇게 생각하고 있었다고 대답해 주었습니다.

그는 노턴 부인으로부터 초대받았다. 그녀의 마음에 들었던 것이다. 말수는 적었으나 그의 이야기하는 모습은 화려했으며 그녀 쪽에서도 좌담가를 찾고 있었다. 당시의 영국은 하나 하나의 문장에 있어서의 기본적인 동사를 몸짓으로 대용해서 해치우는 습관이 있었으나 그런 가운데서 흔치 않은, 정확한 미문(美文)으로 이야기하는 이 젊은이는 당시의 유행인 중얼거리는 듯한 말투 가운데에서 두드러졌던 것이다.

검정 벨벳 연미복에 금실로 수놓은 심홍색 바지, 주홍색 조끼, 그리고 하얀 키드 장갑 위에 반짝이는 반지를 끼고 그는 캐롤린 노턴댁에 찾아왔다.

좁고 보잘것없는 살롱은 밀어닥치는 정치가와 고명한 작

가의 무리로 가득차고 쉐리단가(家)의 눈부신 미녀들로 문자 그대로 빛나고 있었다. 모친은 안락의자에 앉아 있었으나 그의 세 딸을 제외하면 아직도 세계에서 제일 아름답다고 일컬어질 정도였다. 세 딸이란 이 집의 안주인(노턴 부인), 블랙우드 부인, 그리고 특히 아름다운 조지아나 레이디 시모어였다. 그녀 앞에서는 그의 언니들도 빛을 잃을 정도였다. 노턴 부인은 머리 둘레에다 검은 머리를 다발로 엮어서 아름다운 그리스 부인 같은 얼굴 모양을 하고 어쩌다가 발그레해지는 모습이 무척 사랑스러웠다. 이야기하는 가운데 자그마한 말에도 감동되면 갑자기 그 올리브색 얼굴에 장밋빛이 떠오르고 한동안 그대로 있다가는 사라진다. 눈과 입술이 기막힌 윤기를 갖고 있어, 마치 다이아몬드나 루비나 사파이어와 같은 보석으로 만들어져 있는 듯했다. 레이디 시모어는 이와는 전혀 달리 얼굴색은 창백하게 투명하고 부드럽게 빛나는 눈이 달빛을 받은 옹달샘과 같았다. 누군가가 노턴 부인에게 이렇게 많은 미인을 만나서 감동했다는 뜻을 전하자 그녀는 만족스러운 미소를 띠고 그의 작은 살롱과 눈이 부실 듯한 가족을 바라보면서 이렇게 말했다.

"네, 우리는 꽤나 아름다운 편이지요."

쉐리단가의 세 미녀는 이윽고 젊은 작가의 생활에 매력적인 역할을 연출하게 되었다. 그녀들은 모두 완전히 자유롭게 살고 있었다. 노턴 부인은 재미없는 남편으로부터 헤어나는 것이 너무 좋아서, 즐겨 디즈레일리에게 극장이나 무도회에 데리고 가달라고 했다. 그는 그녀와 함께 여기저기 모습을 나타내는 것을 즐겨했다.

여인들이 그에게 보여 준 호의는 완만하기는 했지만 그에 대한 남자들의 호의도 끌어냈다. 그들 가운데 어떤 사람은 그를 정치적인 오찬에 초대했다. 이것은 그가 가장 바라던 바였다. 어느 날 저녁, 엘리엇 경 저택에서 그는 토리당의 영수인 로버트 피일의 옆자리를 차지했다. 좌중 모두가 무척 두려워하고 있는 것처럼 보였다. 디즈레일리 자신이 갈망하는 바를 청년시절부터 운명의 신에 의해 넘칠 만큼 부여받은 이 근엄하고 힘에 넘친 인물을 그는 호기심으로 바라보고 있었다. 디즈레일리는 권력에 익숙해진 인간에게 흔히 있는, 거의 병적으로 느끼기 쉬운 예민한 신경질적인 동작을 그에게서 발견하고 각료의 생활이란 괴로운 것이라는 것을 깨달았다. 그러나 그날 밤의 피일은 정답게 굴려고 이 젊은 작가에 대해서 약간 비굴할 정도의 친밀감으로 응대하고 적당한 농담도 했다. 그는 이 보잘것없는 이웃이 한 위인(偉人)의 평가를 하고 있으리라고는 꿈에도 상상하지 못했다.

무소속

그러면 이만 줄이겠습니다. 친애하는 경이여, 당신은 이 여러 섬들이 저에게 제공할 수 있는 가장 아름다운 광경을, 그리고 자기의 가족을 중심으로 평온하게 살고 있는 어느 위대한 왕후의 모습을.

― 디즈레일리 ―

1832년 6월, 상원에서 선거법 개정이 표결에 붙여졌다. 그 마지막 순간까지도 귀족들은 이 법안을 반대할 수 있다고 생각했다. 그들은 용감하게도 휘그당 내각을 넘어뜨리기까지 했다. 그러나 웰링턴이 새 내각을 조직하려 하자 국민이 봉기했다. 교회로부터는 경종이 울렸다. 곳곳에서 작업이 중지되었다. 휘그당의 청년들 가운데 가장 재기에 넘치는 스탄레이 경은 테이블 위에 뛰어올라 이렇게 선언했다.

"귀족들이 그렇게 저항한다면 왕은 그 모든 호위병의 머리 위에 귀족의 관(冠)을 씌워 주라지."

곳곳마다 영국인에게 잉글랜드 은행에서 그 돈을 찾아가도록 권고하는 포스터로 메워졌다.

잉글랜드 은행은 공작(웰링턴)보다 더 존경을 받고 있는 유일한 국립 시설이었다. 예금주인 폭도는 귀족의 힘보다도 강했다. 웰링턴 공작은 이제 이렇게 명하는 수밖에 없었다.

"경들이여, 우로 돌앗, 앞으로 갓!"

개혁측이 승리를 거두었다. 새로운 투표법에 의해 행해질 선거는 그 개가(凱歌)를 기록하는 것일 뿐이었다. 토리당의 괴멸은 이미 움직일 수 없는 것이었다.

디즈레일리가 이 중대한 사건을 얼마나 큰 관심을 갖고 보고 있었는가는 상상하기 어렵지 않다. 이러한 대변동 가운데 의석을 획득할 시기가 왔다고 생각되었다. 개정법이 의결되자 곧 그는 부친의 영지(領地)의 이웃 읍인 와이콤을 향해 떠났다.

그는 흄이라든가 무서운 아일랜드인인 오코넬이라든가 진보파로부터 바루워가 얻어 준 추천장을 가지고 나타났다. 바루워는 또 디즈레일리와 대립하는 후보가 나오지 않게끔 성심껏 힘써 주기도 했다. 그러나 이 일은 잘 되지 않았다. 휘그당의 중요한 패들은 개혁에 대한 정열보다는 오히려 조끼로써 유명해진, 웅변 잘 하고 색다른 이 젊은이를 좋아하지 않았다.

예기치 않았던 사직(辭職)에 따라 지역구의 선거는 몇 주일 빨라졌으나 덕택으로 선거는 아직 구선거법 아래 행해졌다. 이 조건으로는 읍에는 30명 가량의 유권자밖에 없었다. 내각은 수상의 아들 그레이 대령을 공천 후보로 내세웠다.

디즈레일리는 오스틴 부인에게 이렇게 쓰고 있다.

국고(國庫)로 고용한 유격대와 군악대를 붙여 그레이 대령은 도전해 왔습니다. 이처럼 한심스런 실패는 본 적이 없습니다. 돈으로 매수한 갈채 속에 전 시가를 행진한 뒤 그는 그의 사륜마차 위에서 10분 정도 더듬으면서 연설하였습니다. 와이콤 사람은 모두 밖에 나와 있었습니다. 이 순간이야말로 중대한 시기라고 느낀 나는 붉은사자〔赤獅子〕호텔의 연단에 뛰어올라 한 시간 15분에 걸쳐 그들을 설득하였습니다. 그 효과야말로 붓으로 표현할 수 없을 정도였습니다. 모두가 그저 미치광이처럼 되었습니다. 정말로 울기 시작한 사람도 많았습니다. 여성은 모두 내 편이 되어 나의 색깔인 저 장밋빛과 흰색의 옷을 입고 있었습니다. 부인께서도 그것을 입으십시오.

레이스로 된 카프스를 달고 황금 손잡이가 달린 스틱을 가진 검은 곱슬머리의 창백한 청년이 붉은사자 호텔의 발코니에 나타나 이야기를 시작하기에 앞서 사자상(獅子像)의 머리를 조심스럽게 매만지는 것을 이곳 시민들이 보았을 때 그들은 유치한 연설을 예상하고 있었다. 그러나 놀랄 만큼 힘찬 목소리와 비꼬는 웅변으로 큰 길을 채우는 이 목소리가 휘그당을 격렬하고 신랄하게 공격하자 시민들은 바야흐로 들뜬 열광에 말려들었다. 한편 디즈레일리쪽은 대중을 장악했다는 느낌과 자기의 연설을 귀로 들으면서 자기 안에 있는 신(神)이 잘 조화된 힘찬 말을 연설자에게 가르치는 것 같은 놀라움과 즐거움에 난생 처음으로 도취하고 있었다.

"표결이 선포될 때에는" 하고 그는 호텔 연단을 장식하고 있는 커다란 사자의 꼬리를 가리키면서 결론을 내렸다.

"나의 적은 여기에 있고 나는 (이 대목에서 그는 사자 머리를 가리켰다) 이 자리에 있을 것입니다."

와이콤의 시민은 아직까지 한 번도 그 낡은 사자가 이처럼 기발한 문구로 표현된 것을 본 적이 없었다.

투표일에도 디즈레일리는 또 연설을 했다. 그는 말했다.

"여기 있는 사나이는 어떠한 당파의 제복도 입지 않았습니다. 토리당은 그를 지지했으나 민중은 그보다 먼저 이미 그를 지지하고 있습니다. 그는 가난한 사람의 환경 개선에 노력하고 있습니다(이것은 가난한 사람이 투표권을 갖지 않는 시대에서는 드문 말이었다). 그는 민중의 출신이며 튜돌가(家)의 피도 프란타지네트가의 피도 갖고 있지 않습니다."

이어 와이콤의 32명의 유권자들이 하나씩 단 위로 올라갔다. 그들은 그 투표를 공표하고 결과가 공개되었다. 소심하고 말더듬이인 대령은 20표를 얻었으나 '붉은사자 호텔'의 화려한 웅변가는 12표였다. 이리하여 그는 사자 머리가 될 수 없었다.

디즈레일리는 단상에 올라갔다.

"좋습니다. 휘그당은 나를 넘어뜨렸습니다. 그러나 나중에는 후회하게 될 것입니다"
라고는 했지만 그는 낙심하고 슬퍼했다.

10월이 되자 투표 범위를 넓힌 총선거가 예고되고 디즈레일리는 다시 또 와이콤에 왔다. 이번에도 그는 무소속으로 출마했다.

"나에게는 당파가 없습니다. 당파 따위는 생각하고 있지도 않습니다. ……영국 국민 여러분, 정치적인 잠꼬대, 휘그당이라든가 토리당이라든가 하는 당파의 암호는 이제 질렸습니다. 이 두 가지는 이름은 다르지만 같은 한 가지 의미밖에 갖고 있지 않습니다. 그것은 여러분을 속이기 위해서만 있는 것입니다. 여러분은 국가를 파멸의 위기에서 구할 수 있는 새로운 정당을 만들도록 단결해 주시기 바랍니다."

사람들은 그에게 밀〔小麥〕의 관세에 대해서 선동적인 말을 하게끔 하려고 했다. 그러나 그는 분별 있는 태도를 버리지 않았다.

"만약 모든 보호관세를 폐지하면 우리는 이 주(州)의 아름다운 모습을 다시 볼 수 없게 될 것입니다. 그렇다면 빵은 비싸야 되는 것인가 하고 물으시겠지만 그렇지는 않습니다. 하지만 전혀 빵이 없는 것보다는 비싼 빵이라도 손에 들어오는 편이 좋습니다."

그러나 이만한 양식(良識)도 역시 보답이 없었다. 그레이가 140표, 디즈레일리는 119표였다. 휘그당은 영국 전역에서 놀라운 승리를 거두고 대다수의 의석을 획득했다. 그리고 그것은 금후 오랜 세월에 걸쳐 정권을 장악할 것처럼 보였다. 이번 기회를 놓친 디즈레일리는 새로운 기회를 오랫동안 기다리지 않으면 안 되었다.

여 성

그는 애인을 만들었다. 그 여자를 사랑하고 그녀에게 바치는 한 편의 연애소설을 썼다. 《헨리에타 템플》이 그것이다. 그 뒤를 이어 바이런과 셸리의 생애에 관한 소설 《베네치아》를 썼다. 실제의 헨리에타는 기혼녀였지만 매우 자유로운 몸이었다. 그녀는 디즈레일리가 좋아하는 어느 작은 화려한 살롱에 속해 있었으므로 그들의 주위에는 런던에서도 일류 인사들이 모여들었다.

바루워는 그를 새로 레이디 브레싱턴가(家)에 소개했다. 그 집 여주인의 생애에 대해서는 이미 디즈레일리도 들은 적이 있었다.

그 집은 무척 디즈레일리의 마음에 들었다. 조세핀 황후(1763~1814. 나폴레옹의 왕후)의 것이었던 수많은 아름다운 호박(琥珀) 항아리가 차 있고 빨간색과 금색으로 장식된 살롱을 지나면, 흰빛과 금빛 벽에 거울과 책장이 번갈아 끼워진 좁고 긴 도서실로 들어가게 되어 있었다. 안쪽에는 창 너머로 하이드 파크의 나무들이 보였다. 방 안 둘레에는 소파와 동양풍의 긴의자와 골동품이 가득 놓인 칠보(七寶) 테이블이 있고 목을 깊게 판 푸른 새틴의 로브를 입은 레이디 브레싱턴이 노란 새틴 안락의자에 앉아 있었다. 디즈레일리는 그 아름다운 어깨와 매끈하고 풍요한 가슴께의 곡선에 넋을 잃었다. 한가운데서 가르마로 갈라 놓은 트레머리와 이마 위의 터키석(石) 머리핀은 그의 마음에 들었다. 그녀가 이야기를 시작하자 그는 그녀의 포로가 되고 말았다.

레이디 브레싱턴 쪽에서도 그를 재능과 웅변과 소박함에 넘친, 즉 비비안 그레이와 똑같은 인물로 느꼈다. 그녀는 누구든 다른 부인으로부터의 초대를 받아 가지 않았으므로 매일 밤 손님을 초대하고 디즈레일리는 거의 매일 이 집에 틀어박히다시피 했다. 한밤중쯤 의회가 끝나면 바루워가 온다. 두 친구의 대화는 활기찼다.

그렇지만 디즈레일리에게는 혼자 있는 레이디 브레싱턴과 만나는 편이 더욱 즐거웠다. 그녀는 그의 연애사건의 비밀 이야기를 들어주었고 또 그 조언자이기도 했다. 어떻게 해서 그가 헨리에타를 사랑했는가? 어떻게 하여 그녀가 브레이드남에 있는 그의 양친으로부터 초대받도록 하였는가? 그리고 단순한 양친은 그녀를 초대하는 것이 예의에 어긋난다고는 생각지 않았다는 것, 그가 그 일 때문에 얼마나 후회를 하였는지, 또한 그녀가 어떻게 향연과 야식을 즐겨 그에게 새로운 부채를 지게 했는지, 어찌하여 이 관계가 그의 생애를 위태롭게 만들 뻔했는지, 그리고 마지막으로 그는 야심이 연애보다 강한 감정이라는 점 등을 그녀에게 털어놓았다. 후에 그는 그녀에게 그 여자와의 관계가 결렬되었음을 이야기했다. 그녀는 모든 것을 이해해 주었다.
 때로는 여자친구의 살롱에서 권력을 쥔 정치가와 만나는 경우도 있었다. 그럴 때면 그는 잠시 동안 멋쟁이의 가면을 벗어던지고 국가문제에 열중해서 이야기했다. 말이 곧 행동이 되는 그러한 지위를 그들이 차지하고 있음을 그는 얼마나 부러워했는지 모른다. 어느날 밤 그는 캐롤린 노턴가(家)에서 휘그당의 각료인 멜보른 경에게 소개되었다. 그는 규칙적으로 이 집에 와서는 한가하게 긴 의자에 누워 자기는 많은 이야기를 하지 않고 남의 이야기에 즐겨 귀를 기울이고 있었다. 그런데 멜보른은 이 청년의 독창적인 생각과 대담한 웅변에 감탄했다. 갑자기 그는 천성인 괴팍한 듯한 친절을 보이면서 상대방을 도와주겠다고 제안했다.
 "자아, 무엇이 소원인가 말해 보게."
 "저는 수상이 되고 싶습니다."
 이 말을 듣자 멜보른은 어깨를 으쓱하며 한숨을 쉬었다.
 "아니야"
하고 그는 매우 진지하게 말했다.
 "그것은 자네 생전에는 불가능할 걸세. 그런 것은 이미 모두 정해져 있는 일이야……. 차기 수상은 경쟁자에게 둘러싸인 젊은 독수리 같은 저 스탠리일걸?……. 아니, 한번 정치계에 나서 보게. 자네의 생각이 잘못은 아니지. 똑똑하니까 참고 견디기만 하면 반드시 성공할 걸세…… 하지만 그런 어처구니없는 생각만은 체념해야 하네."
 체념한다는 것은 모든 것을 알고 모든 것을 맛본 멜보른 경과 같은 사람에게는 쉬운 일이었으나 디즈레일리는 이상을 버릴 수는 없었고 또 그에게는 영광 없는 생활은 상상도 할 수 없었다. 그의 앞에서 쉐리단의 세 미녀가 지고(至高)한 선(善)에 대해 재치있게 토론하고 있었다.
"가장 바람직한 생활이란 어떤 것일까?"
그러자 별안간 진지해진 젊은 디지(디즈레일리를 줄인 호칭)가 긴의자 구석에서 열정적으로 대답한다.
"청춘에서 묘지까지 이어지는 장려하고 끊임없는 행렬이에요."

당의 제복

나는 그들이 약속하고 있는 자유주의보다 우리가 누리고 있는 자유를 사랑하고 인권보다 영국인의 권리를 사랑한다.

— 디즈레일리 —

1833년의 선거에서 휘그당의 승리가 매우 빛나는 것이었으므로 휘그당은 반 세기는 정권의 자리에 앉을 것이라고 생각될 정도였다. 그러나 안도감은 모든 것을, 쳐부수기 힘들게 보이는 결함까지도 파괴해버리고 만다.

승리를 구가하는 자유주의자들 중에는 존 러셀 경과 같은 진정한 개혁파와 더함 경과 같은 더욱 대담한 인물도 있었으나 멜보른 경이 미래의 수상으로 지목하고 있던 스탠리와 같은 의식하지 못한 보수주의자도 있었다. 얼마 안 가서 내분은 피치 못할 사실이 되었다. 스탠리와 그 한 패가 당을 떠났으므로 이번에는 토리당의 주가가 갑자기 올라갔다.

이러한 변동은 당연히 디즈레일리와 같은 인물의 정치적

변모를 매우 쉽게 만들었다. 지난날 토리당의 민중적이고 대담한 전통으로의 복귀, 이것이야말로 그가 정치활동의 초기부터 바라고 있던 바였다.

그가 아직도 보수당에 투신하기를 주저하고 있던 것은 오직 인물 문제 때문이었다. 멋있는 생김새와 화려한 성격을 좋아하는 그에게 차가운 로버트 피일은 전혀 매력이 없었다. 웰링턴 공작은 그 당돌함, 단순함과 동시에 화사함 이상의 것을 갖고 있었으나, 이미 은퇴하고 말았던 것이다.

이 무렵 어느 날 저녁, 디즈레일리는 토리당의 대법관 린드허스트 경 옆자리에서 만찬을 들었다.

이 세기(世紀)의 갖가지 대사건, 특히 역사에 생기를 더해주는 귀중한 작은 일에 대한 이야기를 그는 싫증도 내지 않고 들었다. 이를테면 캐닝이 죽기 전날, 하늘은 맑았으나 바람이 차가웠는데 캐닝은 집 밖에서 만찬을 들자고 말하였으며 린드허스트는 그가 떠는 것을 보았다느니 하는 따위의 이야기였다. 대법관도 이 젊은 디즈레일리에게 호의를 보이고 그에게 충고도 해주었다. 그는 어느 날, 윌리엄 글래드스턴이라는 이름의 아직 젊은 차관(次官)과 함께 디즈레일리를 만찬에 초대하고 그들 두 사람에게 현명한 교훈을 주었다.

"민중 앞에서는 자기 변명을 하지 말아야 한다. 만약 변명하게 된다면 자기도 적도 동시에 공격을 하시오. 청중은 새로운 공격에 의해 주어지는 즐거움으로 자네들이 그 대상이 되어 있다는 사실을 잊고 만다."

젊은 글래드스턴은 피일과 같은 무게있는 타입의 사나이로서 디즈레일리에게도 린드허스트에게도 그다지 마음에 들지 않았으므로 만찬은 무척 우울한 분위기가 되었다. 그러나 송로(松露;바닷가에 나는 작고 둥근 버섯)를 곁들인 매우 부드러운 순백의 백조고기의 식사는 평판이 좋았다.

린드허스트의 도움으로 디즈레일리는 정계(政界) 무대의 뒤로 출입하기 시작했다. 얼마 동안 그는 아직 더함 경과 그 패거리인 급진파에게 추파를 던지고 있었다. 양극인 두 개의 당파가 그를 위해 선거구를 물색하고 있었다. 그는 대세에 맡기고 있었다. 그러나 그 양립되지 않는 어정쩡한 태도는 런던 사람들이 아는 바가 되어 불쾌하게 여겨졌다.

"더함으로부터 웰링턴으로?……"
하고 사람들은 말했다.
"제기랄! 이 디즈레일리라는 사나이는 무척 공평한 사람인 게로군."
"그야말로 린드허스트와 같은 인간의 친구로 알맞은 타입이다"
라고 괴팍한 그랜빌은 덧붙였다.

또 한 번 선거에 실패하고 나서 그는 태도를 정했다. 세 번의 엄숙한 교훈만으로 족했다. 무소속은 가망이 없다는 것이었다. 디즈레일리는 보수파 클럽, 칼턴에 입회하고 이후에는 토리당의 후보로 출마하기로 했다. 그는 마침내 한 당의 제복을 입었던 것이다.

사람의 변화라는 것은 본인에게는 언제나 좋게 설명이 되는 것이어서 디즈레일리는 정치태도를 급진파로부터 보수파로 바꾸긴 했지만 자신의 성실성을 자랑스럽게 여기고 있었다. 외부에서 본 사람에게는 그 일관성이 그리 분명한 것은 아니었다. 정쟁(政爭)의 필요에서 새로운 토리당원이 된 그가 전에 추천장을 의뢰한 오코넬을 공격하는 입장이 되었을 때 이 아일랜드의 웅변가는 노발대발했다. 며칠 후 더블린의 어느 모임에서 그는 이 공격과 자기가 쓴 추천장에 대해 이야기하고 웃음과 갈채 속에서 결론지었다.

"유태인이 신에게 선택된 백성이라 할지라도 그 가운데는 불신자도 있습니다. 디즈레일리씨는 그런 사람의 후예임에 틀림없습니다. 그는 십자가에 못박혀서 죽은 악당(그리스도와 함께 못박힌 두 명의 도적 가운데 회개하지 않았던 자)의 성격을 꼭 닮았습니다. 그 도적은 분명히 디즈레일리라는 이름이었을 것입니다. 디즈레일리의 가계(家系)를 잘 살펴 본다면 이 사나이는 내가 지금 그 높은 위치를 말씀드린 인물의 직계 자손임이 발견되리라고 나는 믿고 있습니다."

런던의 모든 신문이 이 생기 발랄한 연설을 다시 실었다. 이 이야기는 디즈레일리를 못마땅하게 여기고 있는 많은 사람들을 즐겁게 했다. 그는 이 모욕적인 언사를 읽고 어릴 때 이후 잊고 있던 감정을 맛보았다. 아아! 옛날 학교에서 자기를 모욕한 놈을 때려눕힌 것처럼 어떻게 해서든지 이 사나이를 갈겨주고 싶다고 생각했다. 그는 돌세이에게 달려가서 결투할 준비를 해달라고 부탁했다. 그러나 오코넬은 이전에 결투로 사람을 죽인 일이 있으므로 결투를 하지 않겠다는 맹세를 하고 있었다. 디즈레일리는 그의 아들인 모간 오코넬에게 도전하였으나 상대는 자기 부친에게 가해지는 모욕에 대해서는 복수하지만 부친의 말에 일일이 책임을 질 수는 없다고 대답해왔다. 그래서 디즈레일리는 오코넬에게 격렬한 편지를 썼다.

　귀하는 이미 오래 전부터 문명 세계의 밖에 계시는 분이지만 나는 상대방이 설사 야프(걸리버 여행기 가운데 말에게 지배당하고 있는 유인원)일지라도 모욕당한 채 보복도 하지 않고 있는 것을 좋아하지 않습니다.

　그는 부자(父子)로부터 재차 결투를 거절당한 일을 신랄하게 비판하고 이렇게 끝맺었다.

　필립스의 가게에서 뵙게 될 것입니다만 귀하가 벤저민 디즈레일리에게 아낌없이 준 모욕을 생각해 보시고 이를 후회하시게끔 정정(訂正)을 요구할 최초의 기회를 소생이 반드시 잡으리라는 것을 믿어 주십시오.

　이 편지를 보내고 그는 평정과 자기 만족을 되찾았다. 그는 가장 화려한 옷, 더욱 아름답게 수놓은 조끼를 입고 오페라 구경을 갔으며 모든 사람으로부터 용기를 칭찬받았다.

의원에 당선

무도회의 계절이 다시 찾아왔다. 앤슨 부인은 또 머리를 아무렇게나 풀어헤치고 더없이 아름다운 노예가 되었으며 노턴 부인은 멋있는 그리스 부인이 되었다. 다시 벤저민 디즈레일리는 경박하고 화려한 멋쟁이가 되어 금줄을 장식한 그의 그림자는 레이디 브레싱턴가(家)의 창문에 드러나 보였다. 그러나 이따금 그는 얼마나 이 가식적인 생활이 피로하고 디즈레일리라는 것을 지겹게 여겼던가. 그가 침묵에 잠기는 시간이 점점 길어지고 그것이 차차 횟수가 늘어, 슬픈 듯이 생각에 잠기는가 하면 갑자기 비꼬는 말을 내뱉기도 했다. 이미 나이가 서른두 살. 그도 이제 서서히 청년기를 벗어나고 있었다.

1835년에 그는 〈어느 기품있는 귀족에게 주는 서간(書簡) 형식의 영국 정체옹호론〉이라는 것을 공표하였는데 이 정치철학의 작품은 가장 뛰어난 비평가조차 그 형식의 완벽과 사상의 성숙을 인정하는 성과를 가져왔다. 선거를 거치지 않은 대표를 인정하지 않는 사람에게는 귀족원(貴族院)의 존재는 부조리로 생각될지 모르나 디즈레일리는 대표가 없는 선거의 위험이 더 크다는 것을 제시했다.

이 책은 대성공을 거두었다. 공작은 중얼거렸다.

"이 젊은이에게 의석을 만들어 주어야 되겠군."

피일은 정에 넘치는 편지를 그에게 보내왔다.

열매는 이제 무르익었으며 추수할 때가 멀지 않았다. 그리고 그는 긴박한 상황에 있었다. 채권자의 독촉이 눈에 띄게 급해지고 있었다.

윌리엄 4세(1765~1837)는 워털루의 전투 기념일에 늙은 사자처럼 죽었다. 그리고 열여덟 살의 귀여운 여왕(빅토리아 여왕을 말함. 1819~1901)이 뒤를 이었다.

새로운 여왕의 즉위에 따라 의회는 해산되고 총선거가 실시되었다. 린드허스트가 강력히 지지해 주었으므로 이번에는 확실성 있는 선거구의 이야기가 많았다. 그 중에서 윈덤 루이스, 이전에 그가 바루워가(家)에서 만난 바람기 있고 귀여운 수다쟁이 여인의 남편이, 두 의석(議席)이 있는 선거구에서 보수당이 완승할 것이 틀림없는 메이드스톤에서 함께 출마할 의사가 없는가 하고 타진해왔다. 이 제안은 윈덤 부인의 덕택이었다. 그는 오랫동안 그녀를 지루한 여자라고 생각하고 있었다. 어느 날 로스차일드가(家)에서 안주인이 그에게,

"디즈레일리씨, 윈덤 루이스 부인을 테이블에 안내해 주시지 않겠어요?"

하고 말했을 때도 그는 대답했었다.

"아아! 질색인 그 부인만 아니라면 무슨 일이라도 좋습니다! 그렇더라도…… 알라는 위대하도다!"

그러고는 언제나의 버릇으로 조끼 소매에 엄지손가락을 넣고 이 고문(拷問)을 향해 걸어갔다.

그러나 몇 번 만나고 나자 그의 의견은 달라졌다. 그녀는 재치도 교양도 없었으나 실제적인 일에 관해서는 양식(良識)을 가지고 이야기했다. 정치가에 대한 그녀의 판단은 어리석은 것이 아니었다. 몇 번이나 그는 그녀로부터 훌륭한 조언을 얻었다. 마침내 그는 런던의 하이드파크 정면에 있는 커다란 윈덤 루이스가의 만찬에 자주 초대받게 되었다. 부인이 그에게 관심을 갖고 있는 것이 분명했다. 그녀는 그에게 탄복하는 동시에 그에게 무엇인가를 해줄 수 있었던 것인데 이 두 가지가 뒤섞인 상태야말로 부인이 우정에서 맛보는 것이었다. 그는 반은 진정이고 반은 농담 같은 구애(求愛)를 해서 약간 나이 지긋한 이 미인을 기쁘게 했다.

7월 27일에 투표가 행해졌다. 루이스와 디즈레일리는 선출되었다. 이리하여 디즈레일리는 그렇게 오랫동안 바라던 의석을 며칠 사이에 거의 경쟁도 없이 손에 넣었다. 인생이란 기묘한 것이다. 모두에게 알려지고 존경받고 있다고 생각했던 와이콤에서는 언제나 패배했었는데 일주일 전까지는 보지도 못했던 메이드스톤에서 단번에 승리자가 되었다.

선거 후 의회가 열리기까지의 3개월을 그는 브레이드남에서 보냈다. 그에게는 과거를 뒤돌아보고 장래에 대비할 필요가 있었다. 혼자서, 때로는 사라와 함께, 그는 이 황홀한 전원 속을 오랫동안 거닐었다. 따뜻하고 햇살이 풍성한 계절이었다. 대기(大氣)는 꽃향기로 차고 꿀벌 소리에 떨며 흰 나비가 분주하게 날아다니고 있었다. 좁고 구불구불한 오솔길을 오랫동안 거닌 끝에 갑자기 햇볕을 담뿍 받은 잔디밭이나 서양 삼나무 숲이라든가 담쟁이넝쿨이나 개머루로 덮인 낡은 저택이 있는 곳으로 나오는 때도 가끔 있었다. 이러한 경치가 있으므로 그는 영국을 사랑하고 있었던 것이다. 이러한 집의 하나하나에 벽돌색의 얼굴을 한 건장한 신사와 명랑한 눈길을 가진 아들과 신비적이고 순수한 처녀들이 있는 것이다. 바로 여기에 런던을 지탱하는 힘을 간직한 저장고가 있었다. 여왕을 위해 제국을 보호하기 위한 많은 사람들은 이곳에서 오고 있었다. 이 나라를 다스리기 위해서는 이 위대함과 아름다움과의 일치를 이해하고 있지 않으면 안 된다. 어쩌면 자기가 오래 전부터의 박해를 받은 민족이기 때문일까, 벤저민 디즈레일리는 나무들과 여러 꽃 사이를 거닐면서 이렇게 생각했다. 나는 영국인이 나를 사랑하는 것보다 좀더 많이 이들 영국인을 사랑하고 있다고.

   그러나 이 은둔처를 떠나게 되는 건 얼마나 괴로운 일인가? 양친과 누이에게만 둘러싸여 있으면 그는 자기를 전능한 사람처럼 느꼈다. 그는 자기 자신일 수 있는 권리를 가지고 있었다. 자기가 무엇을 하든 가족의 성실성을 의심하는 일은 없었다. 어떤 말을 해도 모두가 탄복했다. 쓸모없는 놈과 시기심 많은 경쟁자가 자기를 노리는 일도 없었다. 학교에 다닐 적부터 그는 신학기가 두려웠었다. 신학기는 전투 개시이며 연기(演技)와 위험의 시작이었다. 신경질적인 그의 육체는 이 고역의 면제를 원하고 있었다. 그것을 채찍질 하며 장애물을 향해 가는 것이었지만 불안과 피로가 따랐다. 이번에는 특히 의회에서의 싸움의 전야(前夜)를 당하여 이 새로운 학교와 그 무서운 상대들은 도대체 어떤 것일까 하고 그는 자문했다. 이렇게도 온화한 항구를 떠나 어떤 대해(大海)에 직면하게 되는 것일까?

제2부

……어떤 인간이 왕자가 되건, 또는 거지가 되건 그 검은 눈 또는 회색 눈은 변하지 않을 것이며 그 입이 신중하거나 신중하지 않거나 하는 것도 여전할 것이고, 손도 같은 손을 갖고 있을 것이다. 각 사람 속에 불변한 자연과 무한한 변화에 찬 우연과의 사이를 우리의 생애는 이중(二重)의 형적(形跡)을 시시각각으로 받으면서 압연기(壓延機) 속을 통과하듯이 지나간다……
 ……따라서 사람들은 곱슬머리를 펼 수 없는 것과 마찬가지로 자연의 선물을 바꿀 수는 없지만, 그래도 자연을 신뢰할 수는 있다. 아니 차라리 자연을 변화시킬 수 없기 때문에 이것을 신뢰할 수 있는 것이다. 여기까지 내려오면 바위와 맞닥뜨린 시저나 알렉산더의 위대함은 우리가 인간의 서로 다름을 사랑하고 배나무가 오얏열매를 맺지 않는다고 해서 이것을 탓하는 따위의 짓을 하지 않았기 때문에 더욱 빛나는 것이다.

― 알란 ―

첫 연설

웨스트민스터의 낡은 궁전의 일부가 타버렸으므로 귀족원(貴族院)도 중의원(衆議員)도 임시 의사당을 쓰고 있었다. 그 곳은 약간 비좁았으나 디즈레일리는 보스인 로버트 피일 경 바로 뒷자리를 차지할 수가 있었다.

최초의 투표에서 벌써 멜보른 경의 휘그당 내각이 아일랜드인의 지지를 받아 정권을 계속 장악하리라는 것은 명백했었다. 디즈레일리는 2주일 동안 입을 다문 채 논쟁을 관망하고 있었다. 연설을 하고 싶은 마음은 컸으나 무척 소심해져 있었다. 주위가 모두 위대한 인물 뿐인 것처럼 생각되었다.

그는 또 의회가 엄격한 관습과 멋대로의 운영방법이 뒤섞여 있는 사실에 어리둥절했다. 모두 조용히 듣고 있지는 않았다. 연설하는 도중에도 잡담을 하고 있었다. 의원들은 쉴 새없이 나갔다 들어왔다 하고 있었다. 그러나 의장은 가운을 걸치고 가발을 썼으며 수위는 큰 망치를 들었다 놓았다 하였고 모두 동료의 이야기를 할 때는 반드시 존경하는 신사라고 부르는 것이었다. 이러한 자질구레한 일이 무척 오랫동안 외부로부터 이를 관찰하고 있던 햇병아리 의원을 도취시켰다. 그가 이야기할 날이 오면 절대로 잘못을 저지르지 않고 이곳의 규칙에 따라 다만 의장에게만 이야기하고 변호사인 의원은 모두 '존경하는 현명한 신사', 군인 의원은 '존경하는 용감한 신사', 로버트 피일 경은 '가장 존경하는 준남작(準男爵)', 존 경은 '고귀한 야당의 존 경'으로 부르리라 마음먹었다. 이미 그의 머리 속에는 그 문구(文句)가 의회의 형식에 맞추어져 떠오르는 것이었다. 자기가 대신(大臣)이 되면 저 빨간 상자를 주먹으로 탁 치며 갈채 속에 연설을 마치고 엷은 레이스 손수건을 입술로 가져가면서 각료석에 태연하게 앉으련만. 그러나 이 커다란 집합체의 힘 있는 무기력함을 가까이에서 재어 보니까 무엇인가 불안한 마음이 기다리기 지루한 마음과 뒤섞이는 것이었다.

의회의 권한 확인이 있은 후, 스포티스우드에 의한, 아일랜드에서 가톨릭과 싸우는 데 필요한 돈을 프로테스탄트인 후보자에게 급여해 주기 위한 공개모금법안이 논의되고 있었다. 이 모금은 아일랜드인 뿐만 아니라 이것이 선거인의 자유를 방해한다고 생각하는 자유주의자에게도 매우 평판이 나빴다. 오코넬이 이에 관해서 격한 어조로 이야기한 직후에 디즈레일리가 일어섰다. 보수파를 대표해서 스탠리가 답변할 예정이었으나 디즈레일리가 자기에게 이야기하게 해달라고 부탁하자 스탠리는 놀라긴 했지만 반대하지 않고 양보해 주었다.

아일랜드 세력이나 자유주의자도 자기들 앞에 나온 새로운 연설자를 호기심을 가지고 바라보았다. 이 사나이가 사기꾼이며 옛날에 급진파였는데 보수파로 변신했으며 소설을 쓴 글쟁이이고 당당한 연설가라는 것을 많은 사람이 들어 알고 있었다. 그가 오코넬과 심한 언쟁을 한 것도 알려지고 있어 디즈레일리가 일어서자 오코넬의 수많은 친구가 한 곳으로 모였다. 보수파 자리에서는 시골신사들이 불안스러운 듯이 영국인다운 데가 거의 없는 얼굴을 뚫어지게 지켜보고 있었다. 그의 곱슬머리가 그들을 초조하게 했으며 복장마저도 그러했다. 디즈레일리는 짙은 녹색 양복을 입고 금사슬로 장식한 흰 조끼를 입고 크고 검은 넥타이가 그 창백한 얼굴을 돋보이게 하고 있었다. 그는 매우 흥분해 있었다. 지금이야말로 중대한 때이며 대승부를 걸고 있는 것이었다. 자유주의자에게는 자기를 잃고 어떠한 인물을 잃게 되는가를 가르쳐 주고 보수파에게는 그들 사이에 미래의 수령(首領)이 있음을 보여주고 오코넬에게는 보복의 날이 온 것을 깨닫게 하지 않으면 안 되었다. 그에게는 자신을 가질만한 이유가 있었다. 연설은 충분히 준비한 것이기에 효과적임에 틀림없는 문구가 많이 들어 있었으며 초선 의원의 연설은 호의적으로 받아들여지는 것이 의회의 전통이기도 했다. "피트의 연설 이후 최고의 연설이다" 하고 모두가 연설자에게 말하는 것이 통례였다. 이를테면 지금 의석에 있는, 재회한 젊은 글래드스턴은 처녀연설을 하고 모두로부터 호평을 받았다. 그는 일기에 이렇게 쓰고 있다.

처음으로 50분 가량 이야기했다. 의회는 매우 호의적으로 들어 주었으며 친구들도 만족해했다. 뒤에 칼턴에서 차를 마셨다.

그러나 글래드스턴은 이튼 스쿨을 거쳐 옥스퍼드를 나왔다. 그는 야무지고도 친밀감을 주는 영국풍의 아름다운 얼굴을 갖고, 수수한 복장을 했으며 신중한 태도를 지니고 있었다.

그의 약간 부자연스러운 목소리는 모두를 놀라게 하고 불쾌감을 주었다. 디즈레일리는 아일랜드인, 특히 오코넬이 자신과 같은 모금(募金)의 혜택을 받고 있었다는 것을 밝히려고 했다.

"이 당당한 구걸행위…"

하고 그는 말했다. 과장된 말을 의회에서는 싫어했기 때문에 웃음이 약간 일어났다. 그는 계속했다.

"나는 나의 입장의 곤란함을 모르는 체하는 사람은 아닙니다(재차 웃음소리). 존경하는 신사 여러분의 관대함을 나는 확신하고 있습니다(웃음과 '본론으로 들어가라!' 하고 야유 섞인 소리). 신사 여러분께서 내 말을 듣고 싶지 않으시다면 한 마디도 않고 자리로 돌아갈 것을 약속합니다(갈채와 웃음)."

일순간 약간 조용해졌으나 다시 한번 달라진 표현이 폭풍을 불러일으켰다. 아일랜드 세력의 자리에서 휘파람과 발 구르는 소리와 짐승의 우는 흉내가 터져나왔다. 그러나 디즈레일리는 침착하게 말했다.

"의회가 저에게 다시 5분의 시간을 주시기를 진심으로 바라는 바입니다(장내에 웃음). 오늘 밤 저는 각하와 의원의 대다수를, 형식적인 것은 아닙니다만 말하자면 실질적으로 대표해서 여기에 있는 것입니다(폭소). 무엇 때문에 웃으십니까?(웃음) 무엇 때문에 저를 부러워하는 것입니까?(장내에 웃음과 소란).”

이때부터는 심한 소란이 일어나 말은 띄엄 띄엄밖에 들리지 않았다.

"각하, 우리의 대성당의 종이 왕국의 죽음을 고하고 있을 때……('오오! 오오!' 그리고 폭소) 그때 우리는 있는 것입니다, 각하……(신음소리와 '오오'라는 고함) 존경하는 의원 여러분께서 내 말을 중단시키는 것을 좋다고 생각하신다면 나는 그에 따르지요(폭소). 내가 말씀드릴 수 있는 것은 나라면 누구에 대해서도 이렇게 행동하지 않으리라는 것입니다(웃음). 그러나 나는 다만 이렇게 부탁하고 싶습니다……(웃음). 웃음만큼 쉬운 일은 없는 것입니다(폭소). 우리가 저 연애 전원시(戀愛田園詩)를 상기할 때(폭소), 저 신구(新舊) 두 개의 애정, 대신석에 계시는 치칠(빌지르의 전원시 중의 양치는 목동), 고귀하신 경이……(폭소). 동시에 또한 해방된 아일랜드와 노예가 된 잉글랜드와의 사이에 고귀하신 경께서는 태연하게 권력의 자리에 서시고, 한 손에 산피엘의 열쇠를 가지고 또 한 손에는……(여기서 웃음이 너무 심하게 계속되었으므로 존경하는 의원은 중단 당하고 어떻게 끝을 맺어야 될지 모르게 되고 말았다).”

웃음이 그치자 그는 말을 이었다.

"의장 각하, 이 자리에는 사람들의 철학적 편견이 가득 차 있습니다(웃음과 갈채). 설사 그것이 적측(敵側)으로부터의 것일지라도 나는 갈채를 존중하는 바입니다(웃음). 각하, 생각건대……(많은 고함, '본론으로 돌아가라!') 각하, 저는 이러한 환영 방법에 조금도 놀라지 않는 바입니다……(웃음). 저는 여러 가지 일에 몇 번이나 손을 대었습니다(웃음). 그리고 가끔 마지막에는 성공하였던 것입니다('본론으로 돌아가라!'). 많은 사람이 나보다 앞서 스스로 실패했던 것처럼 나도 실패할 것이라고 예언했지만('본론으로 돌아가라!')"

이때 분노로 방해자들을 바라보며 두 팔을 올리고 입은 크게 벌려 무서운 소리로, 떨리는 듯한 소리로 그가 외치자 소란은 별안간 조용해졌다.

"나는 이제 자리에 앉겠지만 여러분이 나의 말에 귀를 기울일 때가 언젠가는 올 것입니다!"

그는 침묵했다. 적들은 아직도 웃고 있었다. 친구들은 슬픈 듯이 놀란 얼굴로 그를 바라보고 있었다. 그가 고전하고 있는 동안, 한 인물이 단호히 이를 지지하고 있었는데 그는 존경하는 준남작 로버트 피일 경이었다. 그는 자기 당의 연설자를 소란스럽게 응원하는 습관은 없었다. 그는 항상 그것을 마치 적의를 품고 있는 듯한 침묵으로 듣고는 했었다. 그러나 이때에는 그는 몇 번이나 젊은 연설자 쪽으로 얼굴을 돌리고 힘찬 소리로 "조용히 들읍시다!" 하고 외쳤다. 연설자가 의석으로 돌아와 앉자 그는 잔잔한 미소로 대했다.

스탠리 경이 일어서서 방금 동료의 한 사람이 받은 믿기 어려운 대접에 대해서는 한 마디도 하지 않은 채 멸시하는 듯한 태도로 문제를 다시 진지하게 다루고 있었다. 의원들은 그의 연설을 존경의 마음으로 경청하고 있었다. 디즈레일리는 입을 굳게 다물고 의기소침하여 머리를 손으로 받치고 있었다. 또 이번에도 실패다. 지옥 같았다. 중의원의 논쟁을 듣기 시작한 이후 이러한 불명예스러운 장면은 본 적이 없었다. 고갱 학교의 생활이 다시 의회에서도 시작되는 것일까? 자기는 이렇게도 사랑을 받기를 원하고 있는데 여기서도 역시 다투지 미워하지 않으면 안 되는 것일까? 어째서 자기에게는 만사가 다른 사람보다 어려운 것인가? 그렇다고는 해도 어째서 나는 최초의 연설에서 오코넬과 그 일당에게 도전하는 따위의 말을 했는가? 이제 와서 물결을 거슬러올라가는 것은 힘든 일이다. 도대체 그것이 가능할까? 그는 의회에서 완전히 신용을 잃고 말았던 것이다. 그는 자신의 첫 무대에 대해서 이전에 품었던 생각을 씁쓸하게 상기했다. 그는 자기의 문구에 정복되고 그 이미지에 매혹되고 그 비아냥에 감동하는 의회를 상상하고 있었던 것이다. 긴 갈채. 단번에 대성공을…… 그러나 이 모욕적인 웃음…… 패배…… 아아! 브레이드남의 나무 그늘에 숨어버렸으면…….

투표가 있으므로 그는 일어서야 했으나 의제에 관한 논쟁은 귀에 들어오지 않았다. 친절한 챈도스 경이 그에게 다가와서 축복해 주었다. 그는 "축복받을 이유는 없습니다"라고 대답하며 중얼거렸다.

"실패입니다……."

"천만에요. 당신은 오해하고 계십니다. 나는 지금 피일과 만나 이렇게 물어보았습니다. '디즈레일씨에 대해서 어떻게 생각하고 계시는지 솔직하게 말씀해 주십시오.' 그러자 그는 '내 친구 중의 어떤 사람은 실망하여 실패라고 말하고 있습니다. 그러나 나는 전적으로 반대라고 말하고 싶군요. 그는 이러한 상황에서 할 수 있는 일은 모두 하였습니다. 이것은 다른 무엇일지언정 실패는 아닙니다. 그는 스스로의 길을 타개할 것임에 틀림없습니다' 라고 대답했습니다."

일주일 후 그는 저작권에 관한 토론 도중에 일어섰다. 거의 모두가 그를 호의적으로 맞으려 하고 있었다. 토리당도 자유주의자도 모두 그가 부당한 취급을 당했다고 생각했었다. 이것은 그들에게는 불쾌한 일이었다. 그들은 사냥꾼이었다. 그들은 연설자가 사냥의 포획물처럼 기회를 갖기를 바랐던 것이다. 저 난폭한 회의를 그들은 부끄럽게 생각하고 있었다. 이 괴짜 사나이가 또 모험을 하려고 한다면 그것을 지지하겠다는 기분이 되어 있었다. 그의 너무 화려한 문구나 색다른 이미지도 참고 들었을 것이다. 그러나 놀랍게도 그는 자기가 잘 알고 있는 문제에 대해서 평범하고 당연한 말만 하고 모두의 찬의(贊意) 속에 자리에 앉았다. 의안(議案)의 제출자는 스스로 현대 문학의 현저한 정화(精華)인 메이드스톤의 존경하는 의원의 탁월한 소견은 크게 뛰어났음을 인정한다고 대답했다. 로버트 피일 경은 "잘 들으시오"! 하고 강하게 찬의를 나타냈으며 의원 대부분이 디즈레일리를 축복했다. 토리당의 늙은 대령이 그의 곁에 찾아와서 다정한 듯이 소리질렀다.

"자아, 당신은 이제 또 말안장에 올라탄 것입니다. 이제부터 뛰어갈 수 있게 된 거예요."

그는 사라에게 썼다.

이 다음에는 굉장한 갈채를 받으면서 자리에 앉게 될 것입니다.

저 슬픈 데뷔는 오히려 그에게 희생자가 갖는 매력을 주었던 것이다. 3주 동안에 그는 무척 말썽 많았던 이 의회에서 일종의 명성을 획득했다. 그는 용감했으며 말솜씨도 좋았다. 자기가 취급하는 문제를 정확하게 알고 있는 듯했다. '그렇지 않을 까닭이 어디 있겠는가?' 하고 영국 신사들은 생각하고 있었다.

결 혼

의회에 들어온 지 6개월쯤 지난 어느 아침, 그는 동료의 급사 소식을 듣고 미망인에게 달려갔으나 그녀는 완전히 풀이 죽어 있었다.

디즈레일리로부터 윈덤 루이스 부인에게

당신이 경험하신 괴로운 시련 뒤에 고독과 비탄에 빠지는 것은 당연한 일입니다. 그것은 당연하고 피하기 어려운 일입니다. 그러나 부인께서는 그러한 기분에 젖어만 계셔서는 안 되며 언제까지나 과거를 생각하고 괴로워하시는 일이 없도록 노력하시지 않으면 안 됩니다. 미래는 부인에게 있어 아직도 행복과 희망으로 차 있을지도 모릅니다. 저는 부인께서 경험하신 불행과 부인께서 이것을 견디면서 보여주신 훌륭하신 태도, 결연하신 모습과 그 다정하신 성격은 저로 하여금 당신의 변치 않는 충실한 친구가 될 것입니다. 또한 저의 조언, 조력 또는 말상대가 부인에게 도움이 된다면 반드시 기대에 어긋나지 않으리라는 것을 말씀드립니다.

 사실 그는 그녀의 집을 변함없이 충실하게 찾아갔다. 그녀의 집과 친분이 있던 로지나 바루워는 죽은 남편의 친구인 디즈레일리의 방문을 불안과 경멸의 눈초리로 보고 있었다. 메리 앤은 디즈레일리가 자기에게 우정 이상의 애정을 갖고 있음을 고백했다. 로지나는 문학가는 조심해야 한다는 것을 알고 있었으므로 매우 신중하게 생각하도록 충고했다. 여왕의 대관식 때 의원 한 사람 한 사람이 기념 메달을 받았다. 그것을 디즈레일리는 사라가 아니라 윈덤 부인에게 주었다.
 편지의 마지막 문구는 열렬했다. "부인의 변함 없는 친구"가 "안녕, 당신이 행복할 때 나도 행복합니다"로 바뀌었다. 중요한 징후는 그가 성공에 따라 자신을 얻게 된 갖가지 이야기를 사라와 그녀에게 각각 이야기하게 되었다는 일이다. 그녀 앞에서도 또한 가면은 벗겨지고 방패는 치워졌다.
 "런던의 모든 신문이, 토리파도 휘그파도 내가 저번에 행한 연설을 최대급의 찬사로 이야기하고 있습니다"
 "챈도스 경이 웰링턴 공작댁에서 만찬회를 개최하였습니다. 초대받은 손님은 모두 적어도 대신급 이상이었습니다. 내가 그들과 같이 초대된 것을 보신다면 틀림없이 놀라셨으리라고 생각합니다마는 챈도스 경은 친절한 친구로서 나의 의회에서의 성공을 매우 기뻐해 주고 있습니다"
 "런던 데리가(家)에서 전 런던의 귀족과 신사중에서도 가장 저명한 명사만 초대한 백오십 명의 만찬회를 열었습니다. 파니는 친절하게 나를 초대해 주었으므로 내 이름도 모닝 포스트지(紙)에 실렸습니다……. 그녀가 나를 초대해 준 것은 정말 더할 나위 없는 친절이라고 생각합니다. 미처 예상조차 안 했던 일이니까요."

멋진 글라스와 훈제 연어와, 캐비아(철갑상어의 알을 소금에 절인 식품)와 거위 간이 가득 놓인 테이블과 오렌지 나무가 가득 있는 방을 자세하게 묘사한 편지가 사라와 윈덤 루이스 부인에게 동시에 부쳐졌다. 그 결과 부인은 가족의 일원처럼 인식되었다.

그는 결혼을 생각하고 있었던 것일까? 그는 돌세이 백작의 충고, "만일 과부를 만나거든……"을 잊은 것은 아니었으나 이와 반대의 이유도 모르는 것은 아니었다. 그는 33살이고 그녀는 45살이었다. 그녀의 사교계의 지위는 그의 화려한 지위에는 어림도 없었다. 디즈레일리를 서로 차지하려고 하는 여주인들도 메리 앤에 대해서는 그다지 관심을 갖지 않았다. 재산은? 윈덤 루이스는 그녀에게 글로브나게이트의 집과 약 4천 파운드의 연금을 남겼다. 생활하기 위해서는 부족하지 않을 정도며 손님을 초대하는 데에도 충분한 것이었으나 그다지 대단한 재산은 아니었다. 디즈레일리의 부채를 갚을 만한 자산은 아니었다. 그리고 또 이것은 양도할 수 있는 재산도 아니었다. 그리고 윈덤 부인은 십여 살 이상이나 연상(年上)이었으므로 디즈레일리는 그 인생의 중도에서 가정과 자기의 생활형식을 떠나지 않으면 안 될 위험이 있었다. 게다가 또 메리 앤은 갖추어야 할 지식과 교양이 없었다. 사교계에서 그녀는 무척 우스꽝스럽게 보여지고 있었다. 그리스인과 로마인과 어느 쪽이 먼저인지 그녀에겐 도저히 모를 거라고들 말하고 있었다. 스위프트에 관한 이야기 끝에 그녀는 그를 만찬회에 초대하기 위해 주소를 물었다. 다른 여성으로부터 그녀는 어리석고 경망스럽다고 여겨지고 있었다. 그녀는 무서운 기세로 지껄여댔다. 너무 솔직하여 꾀가 없었다. 가구나 의상에 대해서 그녀의 취미는 이상야릇하고 천덕스러웠다. 젊은 작가이고 미래의 대신이 될 자라면 좀더 훌륭한 여인을 찾을 수도 있었을 것이다.

그러나 디즈레일리의 판단은 그렇지가 않았다. 사교계의 판단과는 반대로 그는 그녀를 바보라고는 생각하고 있지 않았다. 그녀가 무지한 것은 사실이나 그것이 그의 결심을 되돌릴 수는 없었다. 그는 몇 번이나 그녀가 선거에 관여하는 것을 보았다. 그녀는 인간을 이해하고 있었다. 건전한 판단을 갖고 있었다. 자기 할 일은 훌륭하게 해냈다. 그녀는 상대역으로서는 도움이 될 것이다. 그녀의 들뜬 이야기는 디즈레일리를 즐겁게 해주고 숨을 돌리게 해주었다. 재치 있는 친구는 너무 많다. 그는 집에서까지 재지(才知)의 공격을 감수하는 것은 원하지 않았다. 더욱이 메리 앤은 그를 존경하고 있었으며 매우 순종적인 여성이었다. 그녀는 자기를 위해서만 살아줄 것이라고 그는 느끼고 있었다. 가끔 있는 일이지만 의기소침해 있을 때 그에게는 위안이 필요했다. 냉정한 태도로 겉으로는 나타내지 않았지만 그는 그 곤란한 데뷔 때문에 무척 고민했던 것이다. 또 한 명의 사라, 누이인 동시에 아내같기도 한 사라와 같은 여성과 교제하는 것은 그의 오래된 염원이었다. 어떤 남자들은 로맨틱한 연애를 위해 자기들의 자유를 확보해 둘 필요를 느낀다. 디즈레일리는 정열적인 연애를 해 보고 그것이 야심과 서로 양립되지 않는다고 깨달았다. 오래 계속되는 다정한 안식처가 훨씬 그를 매혹시켰다.

그는 언제나 충동적이었다. 메리 앤이 바람직한 여성이라고 확신하자 즉시 그는 그녀에게 고백했다. 이 프로포즈는 나쁜 대접을 받지는 않았다. 그녀는 그의 재능을 매우 높이 평가하고 있었으며 그가 촉망받는 젊은 의원이라는 사실을 잘 알고 있었다. 그러나 신중한 그녀는 조용히 생각해 볼 시간을 달라면서 그의 성격을 연구하기 위해 일 년의 유예를 구했다.

의회는 휴회 중이었다. 브레이드남은 조용하고 꽃피는 계절이었다. 디즈레일리는 연애중이었다. 그는 한 편의 비극을 쓰기 시작했다. 매일 그는 그 작품에 대해, 자기 사랑에 대해, 메리 앤에게 알리는 편지를 썼다.

나는 놀랄 정도로 눈부신 진보를 하고 있습니다. 아시는 바와 같이 나는 쉽게 자기만족을 하지 않으며 자기가 쓴 것을 자랑스럽게 이야기하는 습관도 없습니다. 그러므로 내가 이번 일이 당신이 기대하시는 것보다 훨씬 훌륭한 것이라고 말씀드릴 때는 나의 말을 믿어 주시리라고 생각합니다. 이제 이 곳에서는 거의 꽃이 져서 꽃을 볼 수가 없습니다.

또 4일 후에는 이런 내용의 편지를 보냈다.

건강하고 좋은 기분으로 글을 쓰고 있습니다. 일은 잘 되어

갑니다. 여태까지 쓴 데 대해서는 만족하고 있습니다. 자기가 만든 것을 바라보는 것입니다만 그것이 훌륭한 것이라는 걸 알 수 있습니다. 건강, 명석한 정신, 그리고 당신의 사랑 —— 세계를 정복할 수 있을 것처럼 여겨집니다.

6일 후의 편지 내용은 이러했다.

　나에게는 사랑의 관념과 이별의 관념을 일치시킬 수가 없습니다. 내 생각으로는 사랑이란 자기를 바치고 있는 매력적인 사람과 함께 있는 것을 늘 향수(享受)하고 자기의 생각, 변덕, 행복, 걱정거리를 모두 그 사람과 나누어 갖는 것입니다. ……내가 바라는 것은 당신과 함께 있는 것, 당신과 함께 사는 것, 절대로 당신과 떨어지지 않는 일입니다 —— 어디에서든 상관없습니다. 천상이든 지상이든 아니면 물 속일지라도.

　그러나 얼마 안 가서 디즈레일리의 편지에 대한 답장은 점점 뜸해지고 차차 냉담해졌다. 알 수 없는 침묵이 오래 계속되어 그는 메리 앤의 마음이 걱정스러워졌다. 그녀는 그의 성격을 연구하기 위해 일 년의 여유를 구했었다. 어쩌면 마지막 판결은 흉사(凶事)로 끝날 것인가? 그는 만나기를 청하여 만나기는 했으나 이야기는 매우 괴로운 것이었다. 윈덤 루이스 부인을 둘러싼 친구들이 이 결혼에 반대했다. 애송이인 디즈레일리가 부채 때문에 꼼짝도 못하는 것은 알려진 사실이었다. 그가 자기보다 열두 살이나 나이 많은 여성을 사랑한다는 것을 어떻게 믿을 수 있단 말인가? 그가 그녀에게 접근한 것은 이 결혼의 소문으로 고리대금업자들을 달래기 위한 것일 뿐일지도 모른다. 로지나 바루워는 종종 그가 메리 앤의 4천 파운드짜리 연금에 눈독을 들인 것이라고 말했다. 이것은 이 뻔뻔스러운 대사기꾼의 초상에 더해진 화룡점정(畵龍點睛)이었다. 그는 의석을 손에 넣기 위해 여러 당파에게 추파를 보냈다. 이번에는 집과 연금을 얻기 위해 나이 많은 여인과 결혼하는 것이다. 이런 소문은 메리 앤에게까지 들려와서 그녀의 마음을 흔들었다. 그녀는 깔끔한 여성으로서 자기 일을 어김없이 하지 않으면 마음이 놓이지 않았다. 그녀는 틀림없이 그를 사랑하고 있었다. 그러나 속기는 싫었으므로 그것을 상당히 노골적으로 그에게 말했다. 그녀의 집을 다녀와서 그는 그녀에게 편지를 썼다.

……맹세코 말씀드립니다만 물질적인 이해 때문이라면 이 결혼은 저에게는 아무런 혜택도 없는 것입니다. 저는 이 세상에서 손에 넣을 수 있는 것은 모두 갖고 있습니다. 수입이 있다는 것이 남에게 알려졌다고 해서 인간의 지위가 높아지는 것은 아닙니다. 제가 바라는 유일한 것, 독립된 생활은 이대로 가면 반드시 저에게 주어지겠지만 그때까지 저는 지금처럼 그러나 불명예스러운 일 없이 살고 싶다는 생각입니다. 이런 불쾌한 일에 관해서 말씀 드리는 것도 당신이 제가 물질적인 측면을 생각하고 있다고 나무라셨기 때문입니다. 천만에, 저는 어느 공주님의 마음에 들고 싶다는 따위의 비굴한 생각은 결코 갖고 있지 않습니다. 오필(솔로몬이 황금을 얻으려고 사람을 보냈다고 전해지는 동방의 땅)의 황금을 모두 쌓아도 저는 제단에 엎드리지는 않습니

다. 저의 인생을 이해해 줄 정다운 여성에게 바라는 것은 전혀 다른 것입니다. 저의 성격상 저의 인생은 영원한 사랑이 아니면 안 된다는 것입니다.

안녕히. 저는 인사치레로 행복을 빌겠다고는 말하지 않겠습니다. 당신의 성격으로서는 행복을 손에 넣기가 불가능할 테니까요. 몇 년 동안은 당신은 경박한 친구들 사이에서 사시겠지만 언젠가는 반드시 애정에 찬 마음을 찾게 될 것이며 자기에게 충실해 줄 마음을 발견하는 일에 절망하실 때가 올 것입니다. 그것이 천벌인 것입니다. 그때 당신은 후회와 찬미와 절망 등을 깨닫고 제 생각을 하실 것입니다. 그때 당신은 자신이 잃어버린 깊은 애정과 배신으로 인하여 떠나가버린 천재를 회상하실 것입니다.

윈덤 루이스 부인으로부터 디즈레일리에게

제발 와 주세요. 저는 병이 났으며 더구나 미칠 지경입니다. 당신의 질문에 모두 대답하겠습니다. 저는 당신이 이 집에 오시는 걸 싫어한 적은 결코 없으며 돈 문제를 꺼낼 생각도 절대로 없었습니다⋯⋯ 저는 남편과 사별한 지 아직 일 년도 채 되지 않으므로 제 태도가 외부에서 볼 때 경망스럽지나 않을까 하고 가끔 생각하지 않을 수 없었던 것입니다. 저는 당신에게 모든 것을 바치고 싶습니다.

1839년 8월 28일, 그들은 세인트 조지 교회에서 결혼식을 올렸다. 메리 앤온 그의 출납부에 기입하고 있다.

"장갑 2·6. 잔금 3백 파운드. 1839년 8월 28일 결혼. 사랑하는 디지는 나의 남편이 되었다."
그 며칠 전에 그는 그녀에게 이렇게 썼다.

이 이상으로 완전하고 영속적인 행복의 기회가 두 사람에게 주어진 적은 지금까지 없었다는 것을 저는 알고 있습니다. 저는 우리들의 결합의 날을 이제부터의 저의 생애를 맹세할 때라고 생각합니다. 이제부터는 어떤 일이 있어도 절대로 제 마음은 동요되지 않을 것입니다. 왜냐하면 슬플 때나 낙담했을 때나 당신의 마음의 안식처가 언제나 저에게 있으며 기쁠 때, 승리하여 자랑스러울 때는 참으로 적절하고 신속한 당신의 양식(良識)이 저를 인도해줄 테니까요.

확실이 이것이야말로 그가 결혼에서 바라고 있는 것이었다.

같은 해에 나이는 아래지만 재기(才氣)에 있어 그에게 뒤지지 않는 또 한 명의 의원, 저 송로(松露)를 곁들인 백조요리가 나왔던 날, 린드허스트댁에서 그와 함께 만찬을 들었던 윌리엄 글래드스턴이 결혼했다.
글래드스턴 부인은 남편의 엄격한 생활 속에 약간의 변화를 가져왔다. 그녀는 남편의 훌륭한 내조자요 참모였다. 그녀는 또 풍부한 양식과 유머를 가지고 있었다. 그는 모든 것을 깔끔히 정리했다. 그녀는 무엇이든 정리하지 않으면 못 견디는 성미였다. 또한 그녀는 유머 등으로 즐거움을 줄 수 있는 아내가 되는 것은 남편의 인간미를 더해주는 것이니까 그를 위해서는 좋은 일이라고 자부했다. 한편 남편은 그녀에게 자기의 감정을 분석하고 자기 영혼을 감시하기 위해서 일기를 써야 된다고 가르쳤다.
캐서린 글래드스턴은 매력적인 여성이었다.

메리 앤

남성은 여성에 대해서 언제나 다정스럽고 친절하게 인도해 주어야 하는 존재이다.

— 디즈레일리 —

아내를 얻은 사나이, 파크 레인의 아름다운 집. 40여 명의 친구를 초대하는 만찬. 사슬과 레이스도 예전처럼 잔뜩 달지 않게 되었으며 디즈레일리는 몇 개월 사이에 매우 변했다. 메리 앤은 다른 사람의 눈에는 무수한 결점을 갖고 있었을지 모르지만 자존심이 강하고 감수성이 예민한 그에게는 꼭 필요한 여성이었다. 그녀가 그를 쉬게 해주는 찬탄(讚嘆)의 낙원은 약간 우스꽝스러울 정도였으나 거기다 몸을 맡기고 있으면 괴로움에 찬 불안이 가라앉았다. 결혼한 지 얼마 후 그녀는 두 사람의 상반된 모습에 관해 이렇게 썼다.

태연자약하고

엄숙하여 슬픈 듯이 보이는 태도.
결코 조급해하지 않는 음울한 성격.
연애에는 열렬하고 우정에는 쌀쌀하다.
무척 인내심이 강하고 근면하며 관대하다.
종종 마음에도 없는 소리를 한다.
누구를 좋아하는지, 누구를 싫어하는지
가늠할 수 없다.
감정을 드러내지 않는다.
스스로에게 만족하고 있으며
이기심(利己心)이 없다.
거의 모든 일에.

매우 흥분하기 쉽고
그와 이야기하고 있으면 유쾌하고 행복하다.
무척 조급해지기 쉬운 명랑한 성격.
연애에는 차갑고
우정에는 열렬하다.
전혀 인내심이 없다.
매우 게으르며
그녀가 사랑하는 사람들에게만 관대하다.
마음에 없는 말은 절대로 하지 않는다.
그녀는 나와 전혀 달라서
자기가 좋아하는 사람에게는
감정을 나타낸다.
자기에게 불만이다.

매우 이기적이다.
무엇이든 재미있어한다.
재미있어하지 않고 천재이다.
어느 정도까지는 믿을 수 있으며
정신은 몽땅 정치와 야심에 바쳐져 있다.
바보이다.
믿을 수 없고
야심이 없으며
정치를 싫어한다.

그녀는 어디든 그를 따라다녔다. 브레이드남의 가족들은 그녀를 매우 흡족해했다. 쇠락해져가는 집에 그녀는 명랑함을 가져왔던 것이다. 디즈레일리옹은 눈이 안 보이게 되었다. 독서가 모든 생활이라고도 할 수 있는 사람에게 그것은 괴로운 일이었다. 사라가 온종일 아버지를 위해 메모해 주기도 해서 그의 일이 계속될 수 있도록 도와주고 있었다. 메리 앤과 시누이는 디지에 대해 같이 감탄의 마음 속에 살고 있었다.

디즈레일리 일가는 종종 며칠씩 시골에서 묵곤 했는데 그때 디지 부인의 천진난만함은 대성공을 거두었다. 그리스 조상(彫像)의 아름다움에 관해서 귀부인들이 논쟁하고 있으면 그녀는 이렇게 말했다.

"오오! 여러분은 우리 디지가 목욕하고 있는 장면을 보셔야겠군요!"

다른 부인에게는,

"댁에는 점잖지 못한 그림이 잔뜩 있군요. 우리 방에도 굉장한 것이 있지 뭐예요. 비너스와 아도니스라고 디지는 말하더군요. 그이에게 그것을 못 보게 하기 위해 나는 하룻밤의 절반쯤은 깨어 있어야 한다니까요."

부부가 하딩 경과 이웃한 방에 묵은 다음 날 아침, 그녀는 아침 식사 때 경에게 이렇게 말했다.

"정말이에요. 저는 여성들 중에서도 가장 행복하다고 생각한답니다. 오늘 아침 눈을 떴을 때 저는 혼자서 이렇게 말했지요. '나는 어쩌면 이토록 운이 좋단 말인가!' 현대의 가장 위대한 연설가와 가장 위대한 전사 사이에서 잤으니 말이에요."

모두 무척 웃었다. 그러나 웃는 데도 조심해서 남편이 저쪽을 보고 있을 때 웃지 않으면 안 되었다. 디지는 누구보다도 우스꽝스러운 것에 대해 예민하였으나 사람들에 대해선 영악하리만큼 충실하게 아내를 감싸주었다.

프랑스 제국의 주권을 주장하면서 런던으로 망명했던, 매우 인기 있던 루이 나폴레옹 황태자(나폴레옹 3세)가 당시 템스 강가에서 살고 있던 바루워의 집으로 배를 통해 부부를 데리고 간 적이 있었다. 그때 그는 배를 강 한가운데 매우 위험한 곳에 좌초시키고 말았다. 흥분한 메리 앤은 장래의 황제에 대해서가 아니라 아주 서투른 사공에 대해 하는 것과 같은 말을 나폴레옹에게 했다.

"당신은 자기가 할 수 없다고 생각되는 일은 해서는 안 되는 거예요! 언제나 정말로 너무 무모하군요!"

황태자는 배꼽을 쥐고 웃었다. 디즈레일리는 말없이 떨떠름한 얼굴로 재미있어했다.

의원으로서 성공을 거두고 나면 다음에 생각나는 것은 장관의 지위 뿐이다. 어떤 점으로 보나 디지는 가까운 장래에 장관이 되리라고 생각되는 충분한 이유가 있었다.

토리당은 휘그당의 나쁜 평판을 이용했다. 공업가의 아들이면서 빈민구제법에 찬성투표한 피일과 같은 사람에게는 의회에서의 입장이 곤란했다. 그러나 디즈레일리 같은 사람에게는 이 이상 자기의 생각에 부합하는 좋은 상황이란 상상할 수도 없었다. 불만스러운 사람들이 느끼는 이 과거에 대한 애석함, 무정한 행정적 자선 교구(敎區)와 성주(城主)로부터 뻗쳐왔던 우애 넘친 원조의 손길이 대체되는 것을 보는 슬픔, 이것이야말로 그가 항상 말해온 민중적 보수주의가 소박한 감정의 형태였다. 그에 의하면 악의 원인은 어디에 있었던가? 일확천금한 자가 권력을 쥐고 자기들 계급의 이익을 위하여 영국의 모든 전통을 무시하고 중앙정부에게 모든 것을 밀어붙인 데 유래한다.

휘그당은 흔들리고 있었다. 약해졌다고는 해도 아직 힘이 남아 있긴 했으나 휘그당의 패배는 이미 확실한 것이었다. 공작(웰링턴)은 권력의 자리에 앉기를 거부했다. 그는 매우 과묵해져서 지금도 여러 곳의 살롱에 얼굴을 내밀며 왕자처럼 영접되었으나 말은 한 마디도 하지 않고 잠깐 얼굴만 내밀었고, 누가 말을 걸어도 "흐음!" 하고 무심하게 대꾸할 뿐이었다. 따라서 피일 내각의 출현은 예고된 것이며 당에서 제일가는 인기 연설가는 당연히 그 안에 자리를 차지하게 될 것이 당연했다. 디지 부인은 그 말을 듣고 소녀처럼 얼굴을 붉히는 것이었다.

가장 존경해야 할 준남작

1841년 8월 30일, 로버트 피일 경은 윈저(템스 강가 왕궁이 있는 지역)에 가서 여왕의 손에 입맞추는 예를 치렀다.

며칠 전부터 이것이야말로 확실하다는 장관 리스트가 몇 개나 유포되고 있었다. 거기에는 빠짐없이 디즈레일리의 이름이 올라 있었으나, 피일은 아직 그를 부르지 않았다.

이윽고 그는 대법관은 린드허스트라는 것을 알았다. 스탠리 경은 식민지장관이 되었다. 버킹엄 공작이 국새상장관, 젊은 글래드스턴은 상무장관이었다. 모든 포스트가 점점 메워져 갔다. 칼턴에서 눈에 띄는 것이라곤 서로 축하하고 있는 정치가의 무리뿐이었다. 다만 디즈레일리에게만은 수상으로부터 아무 기별이 없었다. 로버트 경은 그의 가장 유능한 부관 한 사람을 저버릴 셈이란 말인가? 그런 일은 있을 수 없다고 생각되었다. 그러나 만일 불행하게도 그렇게 된다면 얼마나 큰 실망이며 얼마나 가혹한 처사란 말인가? 보수파는 이제부터 오랫동안 권력을 계속 장악할 것이다. 지금

따돌림을 당한다는 것은 일 회기 동안 내내, 자칫하면 다음 회기까지 따돌림을 당한다는 것을 의미한다. 4년 동안 참을성 있게 의회에서 일해온 것도 모두 수포로 돌아간다. 이미 클럽에 가면 사람들의 눈길에서 이 사태를 재미있게 관망하고 있는 듯한 비웃음을 느꼈으며 그가 다가가면 이야기가 뚝 끊어지기도 했다. 주말에는 자포자기가 되어 피일에게 편지를 쓰기도 했다.

친애하는 로버트 각하, 저는 이러한 시기에 저의 일 때문에 각하께 번거로움을 끼쳐 드리는 것을 삼가고 있으며 누군가 저의 마음을 각하에게 말씀해 줄 사람이 있었다면 이런 일도 안 했을 것입니다. 각하께서는 갖가지 요구를 싫증나도록 듣고 계실 줄 압니다만 저는 그런 일로 각하를 괴롭힐 생각은 없습니다. 제가 1837년 이후 각하의 당을 위해 네 번 싸웠다는 것, 각하의 정치상의 주의(主義)를 위해 막대한 액수의 돈을 소비하고, 또 저의 지력(知力)의 최선을 다했다는 것도 말씀드리지 않겠습니다. 그러나 저의 경우는 잠자코 지나칠 수는 없는 특수한 사정이 있습니다. 각하의 내각의 일원으로 부름받아 각하의 깃발 아래 참가한 이래 저는 누가 경험한 일이 별로 없을 만큼의 심한 증오의 회오리바람과 정치적인 악조건 속에서 싸워왔습니다. 그리고 이 시련 속에서 저를 지탱시켜준 것은 다만 언젠가는 우리 나라의 가장 뛰어나신 인물이 저의 능력과 성격에 대해 얼마간이나마 경의를 표하고 있다는 것을 공공연하게 증명해 줄 때가 올 것이라는 확신 뿐이었던 것입니다.

고백하겠습니다만 제가 지금 각하로부터 버림받는다고 한다면 저에게는 견딜 수 없는 일이라고 생각됩니다. 그와 같은 참을 수 없는 굴욕으로부터 저를 구해 주시기를 각하의 마음에, 그리고 제가 각하의 갸륵한 성품이라고 느끼고 있는 공정함과 관대함에 호소하는 바입니다. 제가 각하의 충실한 종임을 믿어 주십시오.

B. 디즈레일리

그 전날 밤 디즈레일리 부인은 더 이상 디지의 슬픔을 볼 수 없어서 남편 모르게 수상에게 편지를 썼다.

 친애하는 로버트 경, 이와 같은 주제넘은 짓을 용서하십시오. 하지만 저는 걱정스러워 못 견디겠습니다. 만약 당신이 그를 모른 체하신다면 남편의 정치적 생애는 영원히 망쳐지고 맙니다. ……그의 모든 희망을 허물어뜨리지 말아 주십시오. 그의 인생이 잘못되었다고 생각하지 않도록 해주십시오.
 이전에 당을 위해, 아니 차라리 그 훌륭한 수령을 위해 바쳐진 저의 보잘것없는 것이기는 하지만 열의에 찬 활동을 지금 기억해 주시겠는지요? 메이드스톤의 사람이라면 그 곳에서 저 혼자 4만 파운드 이상 썼다는 것을 당신에게 말씀드릴 수 있을 것입니다.
 답장은 주시지 않아도 됩니다. 아무에게도 당신에게 머리를 숙인 이런 부탁의 편지를 쓴 것을 알리기 싫으니까요. 저는 언제나 변함없는 당신의 충실한 종복입니다.

메리 앤 디즈레일리

피일은 디즈레일리에게 매정한 답장을 보냈으나 그는 디즈레일리의 편지 속의 그다지 중요하지 않은 문구에 무척 구애되고 있었다. 그것은 '각하의 내각의 일원으로 부름받고 각하의 깃발 이후 참가한 이후' 라는 문구였다. 그는 그의 각료 중 어떠한 인물에게도 그러한 임무를 맡긴 일은 없다고 상당히 신랄하게 지적했다(디즈레일리는 결코 임무 따위를 말한 것이 아니다. 다만 자기가 피일 내각의 일원인 린드허스트의 영향으로 보수당에 가담했다는 것을 말하고 싶었을 뿐이다). 피일은 덧붙여서 말하고 있다. 그가 자유롭게 임명할 수 있는 자리는 이때까지 그의 밑에서 일해 온 사람을 위해서도 부족할 정도이다. 그가 그 협력을 얻는 것을 자랑스럽게 생각할 수 있는 그러한 인물, 그 훌륭한 성품을 의심하지 않을 만한 인물이라면 그가 자유로이 임명할 수 있는 자리가 너무나 부족하다는 점에 대하여도 이해해 줄 것이라고.

피일은 사실, 디즈레일리에게 어떤 자리든 마련해 주고 싶었던 것이다. 그러나 그의 주위에 있는 협력자 중에는 이 '사기꾼'을 좋아하지 않는 사람들이 있었던 것이다. 이를테면 클로커, 신문 설립 때의 등장인물로 디즈레일리의 실패의 원인이 되었던, '식어빠진 송아지 수육보다 더 싫은 놈' 인 저 클로커, 그리고 또 잘난 체하는 주제에 스스럼없는 스탠리 경은 "만약 저 돼먹지 않은 자가 참가하면 사직시키고 말겠다"고 공언하고 있었다.

그의 마음에 든 인물은 그와 마찬가지로 '표면은 옥스퍼드형이고 심지(芯)는 리버풀(공업항구)형' 이며 또한 그와 마찬가지로 21살에 의원, 25살에 차관이 된 글래드스턴, 뭔가 이야기를 시작하기 전에 먼저 기도를 드리고, 단순한 문제를 가지고 난해한 장광설을 늘어놓는 수단을 터득하고 있는 저 글래드스턴이었다. 디즈레일리는 지위를 간청하는 따위의 일까지 했다. 글래드스턴 쪽은 대신의 지위를 제안받자 내각의 종교정책은 자기가 이것을 수락하는 것을 허락할 것인가 하고 걱정스러운 듯이 자문했다. 이처럼 야심을 온당한 사고 방식으로 숨긴 태도는 피일처럼 의리가 있고 소심한 사나이에게는 매우 마음이 놓이는 것이었다. 글래드스턴이 결국 수락했을 때 피일은 젊은 장관의 손을 힘있게 잡고 "신의 축복이 있기를" 하고 말했다. 시니컬한 디즈레일리에 어떻게 이런 태도를 취할 수 있겠는가?

내각이 조직되고 의회가 열렸다.

어김없이 의회에 출석하고 매우 기분 좋은 태도로 정부측을 위해 투표하는 디즈레일리를 보고 의회는 놀랐다. 피일은 자유경제론자의 비위를 맞추려고 관세를 7백 항목 이상이나 폐지하고 예산 수입의 감소는 소득세라는 이상한 것을 신설하여 이에 충당시켰다. 보호론자 디즈레일리는 흔들리지 않았다. 말썽없는 기술적인 주제, 외교문제에 관한 대연설만을 하는 것으로 만족했다. 그 적절하고 정확한 연설은 숫자와 일화로 가득 차 있었으나 매우 재미가 있었으므로 처음 시끄럽던 의회를 3시간 동안이나 조용히 경청하게 했다. 그가 피일에게 무시당한 것을 보고 많은 사람이 그의 재능을 의심하였다. 그의 재기는 눈부신 것이었고, 주제는 그다지 신통치 않았는데도 한층 사람의 눈을 끌었다.

가장 열렬히 그를 칭찬하는 사람들 중에 케임브리지를 막

졸업하고 이번 선거에서 의원으로 선출된 초선 의원 클럽이 있었다. 틀에 박힌 형식이 아닌 그의 근대적 웅변이 그들의 마음에 든 것이었다. 스미스라는 의원은 그에게 말했다.

"마치 칼턴에서나 아니면 당신의 책상 앞에서 이야기하고 계시는 것 같습니다. 목소리에는 조금도 부자연스러운 데가 없으며 어투는 분명하고 약간 당돌해서 언제나 야유하는 논조가 들어 있습니다."

이 스미스 청년, 그 친구인 존 매너즈 경, 그리고 그들을 둘러싼 작은 집단의 사람들은 매력적이었다. 매우 유명한 가문 출신인 그들은 언덕 위의 안개 속에 걸려 있기도 하고, 숲 속의 대정원 속에 숨어 있기도 하는 꿈의 저택의 소유자였다. 그들은 이튼 스쿨과 케임브리지에서 학창생활을 보냈고 거기서 아름다운 우정을 형성하고 전통적인 제도의 각성과, 민중과 스스로의 의무를 자각한 귀족제도와의 화해에 기초를 두는 정치이론을 함께 만들어 왔던 것이다. 그것이야말로 순수한 디즈레일리의 사고방식 바로 그것이었다.

피일은 이러한 열띤 청년들을 실망시켰다. 그에게는 천재성이 없었다. 그의 틀에 박힌 형식은 그들을 질식하리만큼 지겹게 했다. 반대로 디즈레일리의 웅변은 그들을 매혹시켰다. 스미스는 디지에게서 자기 정신과 완전히 조화하는 정신을 발견했다. 존 경은 좀더 신중했다. 처음 만난 후에 그는 말했다.

"디즈레일리는 말을 아주 잘했다. 그런데 너무 잘하는 것 같아."

디즈레일리가 솔직해졌을 때는 그는 쩔쩔맸다. 의회에서

교회를 옹호한 후에 디지가,

"월폴, 당신과 나는 벌써 죽어버린 신화를 위해서 방금 투표했지만 이상한 일이지……"
하고 중얼거리는 데 대해 존 경은 놀라고 기가 막혔다. 이들 젊은 귀족들을 향해 영국 귀족은 존재하지 않는다고 디지가 분명히 말했을 때에는 그도 약간 놀랐다. 디지는 그들에게 말했다.

"영국의 귀족에는 3개의 기원(起源)이 있습니다. 그것은 교회에 의한 칭호의 강탈, 스튜어트 왕조의 최초의 왕들에 의한 칭호의 매각, 근대에 이르러서의 귀족령의 매각입니다. 당신네들 귀족은 모두 최근에 이르러서의 것입니다. 헨리 7세(튜돌 왕조의 초대 왕. 재위 1485~1509년)가 처음으로 의회를 소집했을 때, 종문(宗門) 출신이 아닌 귀족은 29명밖에 없었던 것입니다. 그리고 이러한 가문으로 오늘날까지 남아 있는 것은 단지 우리 가문뿐입니다."

이어서 그는 오랜 문명을 갖는 유일한 혈통은 디즈레일리가의 혈통이고 자기의 가문은 그들의 가문보다 훨씬 오래된 것이라고 그들에게 설명하는 것이었다. 스미스는 웃었지만 존 매너즈는 천사처럼 진지하게 듣고 있었다.

청년 영국당

성배(聖杯)를 발견했다면 당신은 어떻게 하겠는가?

클럽은 활동을 시작했다. 4명의 동료는 피일 뒷자리에 앉아 회의에 관한 인상을 서로 이야기하고, 내각의 행로가 청년 영국당의 원칙에 위배될 때에는 주저없이 반대 투표를 했다. 이렇게 하여 그들은 아동보호법(그 당시 아동은 흔히 하루에 12시간이나 노동하고 있었다)에 급진파와 함께 투표했고 아일랜드의 진압 조치에는 투표를 거부했다. 이런 때 그들은 당으로부터 엄연히 고립되어 있어 그 중의 한 명은 민중적 보수주의의 이론을 주장하는 것이었다. 이 조직적이고 하나의 이론에 입각한 반항만큼 피일을 안절부절하게 만든 것은 없었다.

여왕조차도 이제는 로버트 경에게 깊은 신뢰를 보이면서 젊은 미치광이들 때문에 그 수상을 잃을 뻔했다고 숙부인 벨기에 왕에게 분연히 쓰고 있다. 피일은 그레이엄이나 클로커의 의견에 동조하여 디즈레일리를 당에서 제명하기로 했다.
고립된 그들은 다음 선거에서 의석을 잃게 될 것이므로 골칫
거리들을 치워버리게 될 것이다. 보수당의 총회에 그는 소집
되지 않았다. 그는 수상에게 이것은 실수인가 아니면 제명된
것인가 하고 물었다. 탈락은 고의로 된 것이며 요 몇 달 동안
의 자신의 태도를 생각해 보면 그 이유를 충분히 알 것이라
는 것이 회답이었다.

　청년 영국당의 존재는 일반에게도 알려지기 시작하고 있
었다. 흰 조끼를 입고 돼먹지 않은 시를 쓰고 기사(騎士)나
성루(城樓)나 대귀족에 관해서 이야기하고 봉건주의의 선전
으로 노동자를 정복하겠다고 말하는 젊은 신사들이 만든 이
당은 존 부루를 매우 유쾌하게 만들었다.

　의회가 휴회하자 그들은 모두 클럽 중의 어느 누군가의 큰
저택에서 모였다. 디즈레일리는 이 모임을 좋아했다. 그는
어느 때보다도 가장 완전하게 젊은 사람들과 서로 이해하게
되었다. 로마네스크에 대한 공통된 사랑, 즉 인생은 다만 이
해와 욕구의 저열한 투쟁에 불과한 것이 아니라, 정열적인
우애와, 바보스러운 것 같으면서 고귀한 충실함과, 아름다움
에 대한 기호를 인생에서 계속 가질 수 있다는 공통적인 생
각이 그들과 그를 이어주고 있었다. 존 매너즈는 디즈레일리
에게도 이러한 감정이 있음을 알고 그 순수성을 느끼고부터
는 다른 사람보다 훨씬 더 그를 신임하게 되었다. 세 사람이
다 그에 대해 '친애하는 수령이며 두목'이라고 쓰게 되었다.
그로 말하면 그들과 함께 있으면 자기의 청춘을 보는 느낌이
드는 것이었으나 다만 선천적 자유로움은 그가 전엔 알지 못

한 것이었다. 인생의 가혹하고 격렬함이 그에게 강요하고 있던 겉보기의 냉소는 차차 없어졌다. 그는 그의 친구들이 자기의 꿈과 이렇게도 닮았다는 것을 고맙게 생각하고 있었다.

무엇인가 쓰고 싶다는 강한 감정이 다시 그에게 솟아올랐다. 스미스와 매너즈의 친구들이 주인공인 그런 소설, 소설인 동시에 정치문서가 되기도 하고, 현존하는 당파의 무능함과 보수적 신조(信條)가 해낼 수 있는 역할을 제시할 수 있는, 그런 것을 그는 생각했다. 그들의 집 대정원의 나무 그늘에서 그는 그 구상에 관해서 그들과 이야기하는 것이었다. 그러던 중 그는 현대 영국의 3부작(三部作)을 구상하게 되었다. 귀족제·민중·교회이다. 그의 머리는 픽션으로 가득 차고 정치는 그 그늘에 가렸다. 그는 브레이드남에 틀어박혀서 일에 착수했다. 그러나 이제 와서는 자신의 동요되기 쉬운 성격을 알고 그는 이렇게 말했다.

"될 수 있으면 정월까지 깨끗이 해치웠으면 좋겠다. 행동과 몽상은 혼합될 수 없는 것이니까."

이렇게 하여 1844년과 1845년에 디즈레일리는 그의 3부작 《젊은 영국》의 최초의 두 권 《코닝즈비》와 《시빌》을 차례로 출판했다.

시빌의 첫 페이지에서는 이런 문구를 읽을 수 있었다.

"그 아름다운 영혼과 고귀한 성격으로 언제나 괴로워하는 사람들에게 동정을 품어오던 한 여성, 이들 페이지의 저자를 상냥한 목소리로 격려하고 그 취미, 판단으로 항상 인도해주던 한 여성, 가장 엄격한 비평가 —— 가장 완벽한 아내에게 이 책을 바치고 싶다."

떡갈나무와 갈대

 그 당시 영국은 로버트 피일 경의 강력한 지배하에 있었으나 로버트 피일 경은 일당(一黨)에 의한 정부는 이제는 사절하고 싶다는 생각이었다. 그는 자신의 힘을 의식하고 자당(自黨)에서와 같이 적당(敵黨)으로부터도 찬탄을 받을 수 있을 것이라고 믿고 있었다. 자기의 덕을 확신한 나머지 이에 대한 반대를 죄로 간주하게 되었다. 그는 도덕이라는 형태를 취한 야심에 침범당하고 있었는데 이것은 정치적 병폐 중에서도 가장 지독한 것으로, 사람을 용서할 줄 모르는 것이다.
 최초의 마찰은 피일의 답변에서 발단되었다. 디즈레일리가 두세 가지 의견의 결론을 진술하고, 거기에 적으로서의 행위로 보지 않고, 우정에 찬 솔직함으로 보아달라고 각료들에게 바랐다. 피일이 일어서서 디즈레일리를 향해 명료한 경멸의 빛을 보이면서 그의 빛나는 전임자인 캐닝의 시구(詩句)를 인용했다.

나에게 공공연한 적을 달라.
정면으로부터
도전해 오는 전사를.
두려움 없이 싸우리라.
그러나 신이여, 그 분노의 분신의
모든 재앙 가운데
내가 두려운 것은 단 하나
진실하고 솔직한 친구임을.

이것은 캐닝에 대해서 위험한, 어떤 사람들에게 말하게 한다면 성실치 못한, 친구의 역할을 참되게 다한 사람이 본다면 조심성 없는 인용이었다. 모두가 얼굴을 마주보며 디즈레일리의 눈치를 살폈다. 그는 대답하지 않았다. 며칠 후 그는 다시 일어서서 '휘그적'인 조치에 투표하도록 토리당 사람들의 성실성에 호소한다는 말에 항변했다. "가장 존경하는 신사는" 하고 그는 말했다.
"목욕 중인 휘그당을 습격하여 그의 의복을 가져가버린 것입니다. 그는 그들이 자유로운 입장을 충분히 누릴 수 있도록 해준 것입니다만 그 자신은 그들의 의복을 입었어도 엄격한 보수주의자인 것입니다."
의회 전체가 웃고 갈채를 보냈다. 무감각하면서도 자못 심각한태도로 디즈레일리는 계속했다.
"가장 존경하는 신사께서 그 당의 일원을 힐책하는 것이 유익하다고 생각한다면 우리는 아마도 그에 합당한 것이겠지요. 저란 사람은 언제라도 그 회초리 앞에 머리를 숙이는 자입니다. 그러나 가장 존경하는 신사께서 힐책하시는 대신 단지 어떤 인용만으로 만족하신다면 그것이 가장 확실한 무기임은 의심할 여지가 없다는 것이겠지요. 이것은 존경하는 신사께서 항상 거장(巨匠)의 수완으로써 취급하는 무기의 하나이며 산문이건 시이건 그가 어떠한 권위에 처했을 때에는 그는 성공을 확신하고 있는 것입니다. 그 이유의 하나로는 그는 과거에 의회에서 인정한 구절 이외에는 결코 인용하지 않았으며 또한 특히 그 인용이 진실로 절묘했기 때문입니다. 가장 존경하는 신사께서는 논쟁에 있어 위대한 이름을 들고 나오는 것이 어떠한 효과를 갖는가, 그 효과가 얼마나 큰 것인가, 때로는 전격적일 때도 있다는 것을 알고 계십니다. 그가 위대하지도 않고 사랑을 받지도 않던 저자를 인용하는 일이 절대로 없다는 것은 캐닝의 예를 보아도 알 수 있는 것입니다. 저는 확신하고 있습니다만 이 이름은 중의원에서 감동을 불러일으키지 않은 채 인용되는 일은 없을 것입니다. 우리는 모두 그의 천재성을 흠모하고 있습니다. 우리는 대개, 혹은 거의 모두가 그가 일찍 세상을 떠난 것을 슬퍼하고 또한 모두가 세상을 풍미하는 편견과 숭고한 범용(凡庸)에 대한 싸움, 공공연한 적과 진실하고 솔직한 벗에 대한 싸움에서 그에 대한 동정을 아끼지 않았던 것입니다. 가장 존경하는 신사께서 인용하신 시구가 그것입니다. 주제, 시인, 연설자의 이 얼마나 적절한 배합이겠습니까!(오랫동안 터져 나갈 듯한 박수) 그 효과야말로 논쟁에서는 압도적인 것임에 틀림없습니다. 이것이 저에게 향해진 것이라면 제가 할 수 있는 일이라고는 다만 가장 존경하는 신사를 그 뛰어난 기억력 뿐만 아니라, 그 용감한 양심에 대해서 떳떳이 축복하는 도리밖에 없다고 생각합니다."

독을 품은 가볍고 묘한 이 문구는 경탄할만큼 교묘하게 발언되었다. 처음에는 겸손의 가면을 쓰고 낮고 억양 없는 소리가 천천히 밑바탕을 이루었다. 그러다가 갑자기 "캐닝의 예를 보더라도……"라는 말이 모든 청중에게 공격을 기대하게 만들며 기쁘게 했다. 공격이 시작되자 그것이 완벽한 형식을 취하고 있으며 뿐만 아니라 그 목소리는 완곡한 정다움으로 발언되었던 만큼 점점 더 거역하기 어려운 것이었다. 효과는 놀라운 것이었다. 굉장한 열광이었으므로 어느 장관이 답변에 나섰으나 오랜 동안 조용해지기를 기다리지 않으면 안 되었다. 피일은 머리를 숙이고, 얼굴은 창백해져 호흡조차 곤란한 듯 보였다. 다만 디즈레일리만은 인간적 정념에는 조금도 움직이지 않는다는 듯이 태연했다.

"이 장면을 보셨다면 눈물이 날만큼 유쾌해하셨을 것을" 하고 스미스는 메리 앤에게 써보냈다. 브레이드남에서는 늙어 장님이 된 아버지가 사라 곁에 앉아서 되풀이하고 있었다.

"주제, 시인, 연설자의 이 얼마나 절묘한 배합이겠습니까!"

피일은 폭풍이 지나가는 것을 느꼈다. 그는 감수성이 예민하고 남의 존경을 받는 데 익숙한 사람이었다. 그는 감정을 억제하기가 힘들었다. 이럴 수가 있을까, 의회가 최고 의원이 무뢰한에게 이런 취급을 당하는 것을 용인한단 말인가? 너무나 부당한 일이다…… 캐닝이라고? 물론 그는 캐닝을 사랑했다. 그러나 상황은 복잡했고, 언제나 그렇지만 잘못은

쌍방에 있었던 것이다. 그는 설명하려고 하였으나 청중은 그에게 적의를 품고 있었다. 기분의 미묘한 움직임으로 그는 자기를 권력의 자리에 올려준 농민들의 이익에 대해 격렬한 적의에 차 있었다. 예산에 초과가 생겼으므로 많은 보수당원이 이 잉여금을 농민을 돕는 데 사용하자고 요구했다. 피일은 자신이 답변하는 수고조차 하지 않고, 각료의 한 사람에게 이를 거절하도록 시켰다. 바야흐로 의회는 불안과 즐거움을 느끼면서 디즈레일리의 연설이 시작되는 것을 고대하고 있었다. 로버트 경의 고귀한 얼굴이 창백하게 떠는 것을 보는 것은 괴로운 일이었다. 그러나 그것은 또 모두가 기대하는 모습이기도 했다. 무섭고 사나운 투우(鬪牛)가 힘과 건강에 넘치는 털을 빛내면서 입장할 때, 군중은 투창(投槍)에 찔려 미쳐 날뛰는 모습을 연상하며 가엾게 여기는 동시에 그것을 즐기는 것과 마찬가지이다.

　이번에 디즈레일리는 보호관세주의자인 동료들과 연대하여 이를 역설적으로 비난했다. 무엇 때문에 수상의 방법에 대해 그런 이치에 닿지도 않는 트집을 부리는가?

　"야당 지도자로서의 가장 존경하는 신사의 태도와 수상으로서의 태도 사이에는 확실히 차이가 있습니다. 그렇지만 이것은 언제나 볼 수 있었던 일입니다. 짧은 정복과 오랜 점유 사이에 있는 대조(對照)에 너무 놀라서는 안 됩니다. 가장 존경하는 신사께서 변하셨다는 것은 너무도 분명한 진실입니다. 저는 저 보호관세에 관한 연설을 상기합니다만 그것은 제가 들은 연설 중에 최고의 연설이었습니다. '나는 제국(諸國)의 왕의 신뢰를 받기보다 영국 신사의 지도자이기를 원한다'고 가장 존경하는 신사께서 말씀하시는 것을 듣는 것은 참으로 멋있는 일이었습니다. 분명히 멋있는 것이었습니다. 그러나 이제는 그가 영국 신사에 대해 이야기하는 말을 듣는 일은 별로 없게 되었습니다. 그러나 그것이 어쨌다는 것입니까? 사람은 회상이라는 즐거움, 추억의 매력을 가지고 있습니다. 처음에는 그에게 사랑을 받고 이제는 그가 정열에 넘쳐 있던 때처럼 우리 앞에 꿇어앉지 않게 되었다고 해도 사람은 과거를 회상할 수 있는 것입니다. 문책과 비난의 장면처럼 무익하고 불행한 것은 없습니다. 이러한 경우 전에 사랑을 받았던 사람이 그 사람의 마음에 들지 않게 되었을 때에는 감정에 호소해도 아무 소용이 없다는 것은 우리들 누구나가 아는 사실입니다. 모든 사람, 또는 대부분의 사람이 이러한 것을 경험하고 있는 것입니다. 존경하는 나의 친구 여러분은 가장 존경하는 신사의 일로 불평하고 계시지만 가장 존경하는 신사께서는 여러분을 달래시려고 자기가 가능한 일은 모두 하셨습니다. 때로는 그는 거만한 침묵으로 피하고 때로는 여러분을 완고한 냉담함으로 대우했습니다. 인간의 본성을 다소나마 알고 계신다면 여러분도 양해하실 것이고 침묵도 하실 것입니다. 그러나 여러분은 침묵을 거부하십니다. 그러면 무슨 일이 일어나겠습니까? 이러한 경우에 언제나 일어나는 것은 무엇이겠습니까? 가장 존경하는 신사께서는 부득이 행동을 강요당하고, 마부를 보내셔서 더할 나위없이 다정하게 말씀하시는 것입니다. '내 앞에서 그런 신음소리를 내는 것은 용서할 수 없다'고. 각하, 이와 같은 것이 실로 만인의 구애의 대상이면서도 연인에게는 배신당한 미인, 바로 우리 농업인 것입니다."
 이로 인해 야기된 효과가 어떠한 것이었던가는 도저히 표현할 수가 없다. 음조(音調)도 이것을 크게 도왔다. 시종 낮고 단조로운 소리로 발언하여 박수와 웃음이 너무 격해지면 끊어지곤 했으나 다시 변함없는 투로 힘들이는 기색도 없이 계속되었다. 유머와 수상의 커다란 몸집 위에 한 방울 한 방울 떨어지는 비난의 끊임없는 흐름과 같았다. 의회는 황홀해지는 동시에 수치를 느끼고 있었다. 전에 대수롭지 않게 여기던 인물의 힘에 공포를 느끼고 그를 보지도 않은 채 갈채를 보내는 것이었다. 피일은 모자를 깊숙이 눌러 쓰고 있었으나 초조한 마음을 숨길 수가 없었다. 존 러셀 경은 "이것은 전부 진실이다" 하고 중얼거렸다. 무뚝뚝한 엘리스마저 웃었고 마코레이는 기뻐하고 있는 것처럼 보였다.

 수확에 대한 뉴스를 묻는 디지에게 사라는 이렇게 대답했다.
 "비가 너무 와서 비둘기도 마른 곳을 발견할 수가 없을 정도예요. 수확은 매우 나쁠 겁니다."
 8월에 피일은 감자가 병충해를 입었다는 보고를 받았다. 그의 기분은 더욱 더 자유경제론으로 기울어졌는데, 영국의 기아 현상을 보게 되지 않을까 하는 두려움이 이 이론과 꼭 부합되었으므로 그는 이 이론에 현혹되고 말았다. 그는 즉각 '기근'이라는 말을 썼다. 감자가 없으면 필연적으로 아일랜드는 기근이 든다. 아일랜드를 구제할 소맥(小麥)이 영국에는 없으므로 이제야말로 소맥의 관세를 폐지해서 식량의 자유로운 수입을 인정하는 수밖에 해결책이 없다. 그러나 항구를 개방하고 저 거대한 관세를 폐지하지 않으면 안 되는 것이다. 당은 뭐라고 할까? 또 배신이라고 떠들어대지는 않을까? 그런 것은 대수로운 일은 아니었다. 피일은 순난(殉難)에 굶주리고 있었다. 코브덴과 브라이트는 그에게 찬성하고 있었다. 디즈레일리는 빈정대는 연설을 할 것이고 의회는 한동안 이를 즐길 것이다. 그러나 후세의 눈에 피일은 당의 이익을 위해 국가의 이익을 희생한 훌륭한 사람으로 비칠 것이다.

이윽고 일주일에 네 번이나 각의가 소집되었음이 런던에 널리 알려졌다. 피일은 자기를 권력에 앉혀 준 이론을 버리고 소맥의 관세를 폐지하려 하고 있으며, 스탠리 경은 사직하겠다고 이에 맞서고 있어 정부의 병환은 감자의 병충해보다 무겁다는 것도 모든 사람들에게 알려졌다.

문제가 결정적으로 충돌했을 때 스탠리는 사직했다. 장관들도 모두 사직했다. 여왕은 존 러셀 경을 찾았으나 그는 피일에게서 돌아온 내각 조직권을 즉각 그에게 돌려 주었다. 피일 쪽에서는 다행한 일로 생각되었다. 그는 여왕에게 말했다.

"무슨 일이 일어나도 저는 폐하의 수상 노릇을 할 것입니다."

친구에게 그는 이렇게 썼다.

 기묘한 꿈입니다. 내가 다시 소생한 인간처럼 느껴집니다.

남들이 배신자라고 부르는 것이 그의 눈에는 경건한 개종(改宗)으로 비쳤다. 여왕도 앨버트 공도 열렬한 자유경제주의자들도 그가 나라를 구하고 있는 것이라고 되풀이해서 말했다. 아무도 자기와 교대하려는 사람이 없는 이상 자기가 패배할 턱이 없다는 것을 그는 알고 있었다. 모든 것이 잘될 것이다. 율리시즈와 마찬가지로 그만이 활을 쏠 수가 있는 것이다.

의회가 다시 열렸다. 귀족원에서는 스탠리에게 이끌리는 보호관세주의의 당이 피일에 대항해서 결성되어 있었다. 아일랜드로 조사하러 갔다 온 클로커는 이것은 체일의 말처럼 가짜 기근이라고 수상에게 경고했다. 존 매너즈는 디즈레일리에게 편지를 했다.

　기근이란 당치도 않은 얘기고 이번 수확은 만족할 만한 것입니다.

그러나 아일랜드 따위는 캄차카 반도와 마찬가지로 피일의 결정에 아무런 상관도 없었다. 그는 그 이론의 변환을 행하고 있던 것으로서 아무것도 이를 중지시키지는 못했을 것이다.

최초의 회의에서 이미 그는 자기의 경제이론은 완전히 변했다고 당에 보고했다. 시골 신사들은 이 발언에 불쾌해했지만 그가 단호한 어조로 진술했기 때문에 중얼거리는 말소리 하나 들리지 않았다. 그리고 또 이 수난에의 진군에서 수상은 그 전략가로서의 수완을 조금도 잃지 않고 있었다. 어느 날 글래드스턴이 일어서서 발언할 때 작은 소리로 로버트 경에게 물은 적이 있었다.
"간단명료하게 할까요?"
"아니"
하고 수상은 대답했다.
"아주 오랫동안 발언하게."
이 방법을 그 자신이 이번 회기에서 사용했다.

아연한 의회를 앞에 놓고 그는 아마와, 양모 가격에 대해 끝도 없이 발언하고 여기에다 또 라드에 관한 논고(論考)와 해군용 절인 고기의 계약에 대한 논고를 삽입하는 것이었으나 그것이 모두 전혀 평범하고 재미가 없으므로 청중은 빨간 단상 앞에 서 있는 로버트 경의 눈에 익은 모습과 그 맞은편에서 언제나처럼 차양이 넓은 모자에 반쯤 가린 존 경의 한심한 얼굴을 보고 이런 연극은 모두 꿈이 아닐까 하고 생각하는 것이었다. 이런 것이 이 의회의 논쟁의 대가의 전술로서 그는 경우에 따라서는 논쟁의 기세를 누그러뜨리고 대단하지 않은 일로 보이게 하는 것, 디즈레일리의 말을 빌리면 '증기기관에서 주전자로 거슬러올라간다'는 것이 중요하다는 것을 알고 있었던 것이다.

어쨌든 정부측의 승리로 막이 내리려 할 때, 디즈레일리가 일어섰다. 자기 정치 이론의 전면적 변경을 고하는 사람의 논조로서는 참고 들어주기가 힘들다고 말하고 수상이 취한 태도에 대해 약간 이야기한 후 그는 조끼 소매에 엄지손가락을 집어넣고 언제나처럼 침착한 목소리로 계속했다.

"각하, 역사상 가장 존경할 신사의 입장에 비견할 수 있는 것을 발견하기는 곤란한 일입니다. 제가 생각할 수 있는 단 한 가지는 최근의 근동(近東) 전쟁(그리스의 터키로부터의 독립전쟁)의 한 일화입니다. 이 대전쟁 당시 터키 제국의 존망이 위태롭게 되었을 때 술탄이 그 제국을 지키기 위해 대함대를 건조시킨 일을 나는 상기합니다. 승무원은 정예 병사와 우수한 장교로 편성되어 있어, 병사도 장교도 모두가 전쟁 전에 이미 보상(봉급)을 받고 있었습니다. 대 술레이만(술레이만 2세. 16세기 터키의 술탄)의 시대 이후 이처럼 화려한 함대가 다이다넬라를 출발한 적이 없었습니다. 술탄도 몸소 이를 배웅했습니다. 성직자는 모두 이 함대를 위해 기도하였습니다. 마치 우리 나라에서 모든 성직자가 지난번 선거의 성공을 위해 기도한 것처럼 말입니다. 함대는 출발하였습니다. 그러나 제독이 적의 항구에 곧바로 함대를 끌고 들어갔을 때 술탄의 놀라움이 어떠했겠습니까. 각하, 제독은 이 때문에 매우 비난을 받았습니다. 그도 배신자라고 불렸습니다만 그 역시 이렇게 자기 변명을 하였습니다. 〈분명히 나는 이 용감한 함대의 장이었으며, 분명히 군주는 나를 포옹해 주셨으며, 분명히 모든 성직자가 원정의 성공을 기도해 주었다. 그러나 나는 전쟁을 좋아하지 않는다. 이 싸움을 끌게 할 어떠한 이유도 나는 인정할 수 없다. 내가 지휘를 맡은 단 한 가지 목적은 재빨리 주인을 배반하여 전쟁을 종결시키는 것이었다〉고(토리당의 굉장한 박수)".

박수는 몇 분 동안이나 계속되었으나 이것은 이미 예술가, 연설가에 대한 것이 아니었다. 정치가가 확고한 지반을 얻은 것이었다. 회의가 끝나자마자 시골 신사들은 디즈레일리를 둘러싸고 수상에 반대하기 위해 중의원에서 보호정책의 당을 결성하자고 말하는 것이었다.

이미 3년 전부터 디즈레일리는 자기와는 매우 성격이 다른 위원, 포틀랜드 공작의 아들인 조지 벤치크 경과 자주 만나고 있었다.

의원이 된 지 8년이나 되는데 그는 연설을 한 번도 한 적이 없었다.

로버트 경이 방향 전환을 선언한 날, 벤치크 경은 야수가 동굴에서 나오듯이 침묵을 깨뜨렸다. 그는 원래 불성실을 혐오하고 있어서 보호정책의 당 설립을 가장 열렬히 원했으므로 디즈레일리는 즉각 그가 중의원에서 그들의 지도자가 되어주기를 의뢰했다. 벤치크는 대답했다.

"학식도 없고 정치생활에 별로 흥미도 없는 인간이므로 나 스스로 그런 능력이 없다는 것은 알고 있습니다. 그러나 사람들이 나를 필요로 한다면 맡겠습니다."

사람들은 그를 필요로 하고 있었다. 그의 혈통과 품위는 디즈레일리에게 따르기를 주저하는 사람들조차 안심시켰으며 게다가 그는 투쟁에 있어서도 사람들의 예상보다 훨씬 무서운 존재임을 보여주었다.

"벤치크와 디즈레일리라고? 멋진 콤비로군!"
하고 피일의 친구들은 비웃었다. 그러나 소맥에 대한 법안의 투표에서는 최초의 독회(讀會)에서 당원 중 피일을 뒤 따라 투표한 자는 백이십 명에 불과했으며 이백사십 명은 '벤치크와 함께 그 명예의 결백함을 지킨' 것이 명백해졌다. 그래도 내각은 과반수의 표를 얻었으나 그 대부분은 반대파인 자유주의자로부터의 것이었다. 이 법안의 투표만 마치면 내각은 와해될 것이며 이날 이후 피일은 이미 파산선고를 받은 것이나 다름이 없었다.

  종종 새벽 4시나 5시경이 되어야 끝나기도 하는 논쟁을 마치고 디즈레일리가 귀가하면 메리 앤은 그때까지 자지 않고 기다렸으며 난로에는 장작이 잔뜩 지펴져 있고, 모든 등불은 환하게 빛나고 있었다. 남편이 귀가했을 때 생기와 아늑함 그리고 즐거움을 느끼도록 하려고 애쓰는 메리 앤은 "등불을 켜라, 많은 등불을" 하고 하인들에게 명령하는 것이었다. 때때로 그녀는 의사당 입구까지 차를 타고 와서 무릎 위에 식어버린 음식을 안고 한밤중까지 거기서 기다리고 있기도 했다. 그녀의 헌신은 놀라운 것이어서 어느 격렬한 논쟁이 있던 날, 디지를 따라 의회까지 갔다가 하인이 갑자기 차 문을 닫는 바람에 손을 다쳤으나 남편이 들어갈 때까지 아무 말도 하지 않았다. 그것은 남편의 기분을 심란하게 하지 않게 하기 위한 것이었음은 말할 필요도 없다. 한편 레이디 피일도 역시 시골에서 그 감동적인 편지로 남편을 격려하고 있었다.

  용기가 다할 때까지는 신문을 읽겠습니다…… 여쭙고 싶은 것은 단 한 가지입니다. 적어도 당신이 사리사욕을 떠나서 움직이고 있다는 것과 당신의 방법이 현명하다는 것을 확실히 증명할 수 있겠는지요? 이렇게 잔혹한 부당함을 당한 후에 언젠가 사람들은 당신을 정당하게 평가해 줄까요? 만약 그렇다면 저는 다시 용기를 낼 것입니다…… 아아, 이미 나는 운명에 맡기고 있습니다. 저의 운명이 뒤죽박죽인 것은 알고 있습니다. 하느님이 당신을 모든 일에 인도하시고 당신을 보호해 주시기를! 저는 가련한 갈대에 지나지 않습니다. 그렇지만 저에게 기대어 주세요. 언제나 변함없는 충실함과 애정을 거기서 보실 것입니다.

소맥에 관한 법안이 제3 독회에서 가결된 날 저녁, 로버트 경은 보호주의자와 휘그당과의 동맹에 의해 패배했다. 옆자리에 앉은 의원이 그의 귀에 속삭였다.
"75표 차이로 패배했다고 합니다."
로버트 경은 대답도 하지 않고 얼굴조차 돌리지 않았다. 그는 무척 침울해져서 고개를 내밀고 있었는데 이것은 그가 괴로움 때문에 말하고 싶지 않을 때에 늘 하는 태도였다.

수 령

위대한 정신은 갖가지 성공, 위대한 재능의 성공을 기대해야
하며 그 외에는 아무것도 기대해서는 안 된다.

— 디즈레일리 —

승리의 쓰디쓴 맛. 사람은 죽음을 향한 그 긴 여행 중에도 기분좋은 휴식의 한때를 생각한다. 이제 몇 걸음 더 가면 오늘의 안식처에 당도하여 불을 쬐면서 휴식을 취할 수 있을 것이다. 그러나 시간의 끊임없는 흐름에 있어서는 휴식도 없으며 정지도 없다. 저녁이 되면 언제나 과거는 한낱 꿈, 미래는 하나의 신비이다.

다윗을 얕잡아본 거인(골리앗)은 거꾸러져 길 위에 뻗었다. 보수파 사람들은 두 갈래로 분열하여 서로 대립하는 길을 가면서 무대에서 퇴장했다. 존 러셀 경과 그와 한 패인 자유주의자들은 경쟁자도 없이 정권을 잡았다. 이 대혼란 속에서 벤저민 디즈레일리는 어떻게 되는 것일까?

의심스러운 듯이 자기를 바라보고 있는 의회를 달래고 자기 이름 둘레에 서성거리고 있는 괴짜라는 평판을 불식시키는 것이 긴요한 이때, 상원 의원 벤저민 디즈레일리는 더할 나위없는 실수를 저질렀다. 신비적인 소설을 출판했던 것이다.

《탕크레드》라는 제목의 이 소설은 젊은 영국 귀족이 성지를 순례하여 아시아의 신비를 깨달으려고 하는 이야기였다.

《탕크레드》는 색다르고 용감하면서도 경솔한 책이었다. 사람들은 강한 쇼크를 받았다. 칼라일은 디즈레일리의 '유태적인 요설(饒舌)'은 견딜 수 없는 것이라고 못박고 "존 불은 이 못난이가 자기 배〔腹〕 위에서 춤추는 것을 언제까지 놓아 둘 것인가?" 하고 묻고 있다.

디즈레일리에게 다행인 것은 대부분의 동료는 전혀 이 책을 읽지 않았다는 것이다. 그러나 피일의 실각 후 얼마 안 되어 그는 상원 의원이 가득 모인 가운데서 그의 이론을 개진할 처지에 이르렀다. 라이오넬 드 로스차일드가 런던시에서 의회에 선출되었으나 법률에 따르면 진정한 크리스찬의 선서가 요구되고 있으므로 의석을 차지할 수가 없었다. 존 러셀 경은 '영국에 태어난 모든 영국인은 헌법이 정하는 모든 이익을 누릴 권리가 있다'는 그의 자유주의 이론에 충실하기 위해 이런 규칙은 폐지하자고 제안했다. 디즈레일리와 벤치크 경을 제외하고 보호정책의 당원은 모두 러셀에게 반대 투표를 던졌다. 벤치크도 다만 디즈레일리에 대한 우정 때문에 이에 동조한 데 불과했다. 디즈레일리는 대연설을 행하고 보수당에게도 가장 불행한 과오는 유태인에 대한 박해이며 유태인은 원래가 보수적인 민족인데 이런 취급을 받기 때문에 혁명과 혼란의 당으로 쫓겨나 여기에 무서운 지적인 지도를 부여하게끔 된 것이라고 놀라고 있는 의원들에게 상세히 설명했다. 그 자신은 크리스찬으로서 유태인들을 위해 투표하는 것이라고 스스로 생각하고 있었다.

"여러분은 아이들에게 유태인의 역사를 가르치십니다. 제일(祭日)에는 사람들에게 유태 민족의 영웅의 공적을 읽어줍니다. 일요일마다 하늘에의 찬가를 부르려고 생각하시기도 하고 고뇌의 위안을 얻으시려고 할 때에는 여러분은 이러한 감정 표현을 유태 시인의 노래 속에서 찾으십니다. 여러분의 진정한 신앙의 성실성에 비례해서 여러분은 이 당연한 정의의 위대한 행위를 하려고 원하실 것입니다……."

의원들은 지루해하며 이쪽 저쪽에서 "오오! 오오!" 하고 야유했지만 디즈레일리는 결론을 덧붙였다.

"이 문제에 관한 나의 의견에 대해서 오해가 있다면 저는 이 의회에 자리를 차지하고 있을 수는 없습니다. 어떤 결과를 내가 초래하게 되더라도 참된 종교적 원리라고 믿는 바에 일치하지 않는 투표를 하는 것은 나에게는 불가능합니다. 그렇습니다. 나는 크리스찬으로서 우리 주이시고 구세주이신 분이 그 품에서 탄생하신 유대교라는 저 종교에 속하는 사람들을 배제한다는 무서운 책임을 질 수는 없는 것입니다."

그는 깊은 침묵 속에 자리에 앉았다. 그의 당에서는 아무도 박수를 보내지 않았다. 상대 당 자리에서는 존 러셀 경이 옆사람에게 감탄하면서 말했다.

"한 당의 우두머리로서 동지가 제일 싫어하는 이론을 저렇게 옹호하는 것은 대단한 용기입니다."

당에서 벤치크에게 로스차일드 사건에 관한 그의 행동은 찬성할 수 없다고 통고해 왔다. 그는 당수의 자리를 사퇴했다. 그후 얼마 안 가서 그가 마장(馬場)에서 죽어 있는 것을 사람들이 발견하였다. 거꾸로 떨어진 것이었다. 의사는 심장마비로 사망했다고 말했다.

벤치크가 세상을 떠나자 디즈레일리는 가장 강력한 지지자를 잃었다. 새 수령의 인선 문제에서는 많은 이름이 입에 올랐으나 그의 이름은 없었다. 스탠리는 그에게 형식은 정중하였으나 내용은 무례한 편지를 보내 명목상의 당수 아래서 디즈레일리가 실질적인 일을 하고 다른 사람이 수령의 이름만 갖도록 하는 것이 어떠냐고 제안해 왔다. 디즈레일리는 명예는 없고 위험만을 다 떠맡는 일은 거부했다. 피일과 그 친구들의 탈당으로 보호정책의 당에는 웅변가는 없어졌다. 글래드스턴과 그 밖의 많은 인재가 있던 예전의 보수당에서는 그는 실로 오랜 동안 진급을 기다리지 않으면 안 되었지만, 분열의 덕분으로 사람들이 어떻게 생각하든 그는 제1인자가 되어 있었다. 스탠리는 온 힘을 기울여 저항했다. 결국 그는 중의원에서는 당을 브란비, 헬리즈, 디즈레일리의 3인 위원회가 지도하도록 하자고 제안했다.

3주일이 지나자 다른 두 명은 이미 문제도 안 되고 누구의 눈에도 디즈레일리가 야당의 공식 당수로 보였다. 아직 살아 있던 멜보른 경은 전에 캐롤린 노턴가(家)에서 "나는 수상이 되고 싶습니다" 하고 자기에게 대답하던 곱슬머리 청년을 상기했다.

"정말이야"라고 그는 말했다. "그 청년은 성취할 거야."

중의원에서 대정당의 지도자로 인정받는 것은 확실히 권력으로 향하는 길에 있어서 큰 진보였다. 그러나 영국의 정치사회 속에서는 사람이 땅을 갖고 있지 않으면 아무것도 아니라는 것을 디즈레일리는 점점 분명히 알게 되었다. 지주(地主)는 그의 영지를 돌아다니며 농부들과 이야기함으로써 농민들의 생각이나 요구의 현실적인 모습을 알고 그들의 불평을 들으면서 그네들이 투표한 법률의 효과를 살피는 것이다. 이곳 저곳의 살롱과 의회에서만 보내는 런던 주민은 이론가일 뿐이다. 인간의 정신은 너무 간격을 띄우지 말고 자주 대지와 접촉할 필요가 있다. 도시에서 한 계절을 보내고 나면 자연의 식물들의 차분함과 아름다움이 마음을 진정시켜 준다. 디즈레일리는 나무와 꽃을 무척 좋아했다. 자기가 열애하는 버크 주(州)에 커다란 저택을 마련하는 것이 오래 전부터의 꿈이었다.

브레이드남에서 얼마 떨어지지 않은 곳에 팔려고 내놓은 집이 한 채 있었다. 휴엔덴의 저택이었다. 디즈레일리와 그 형제들은 어릴 때 자주 그곳에 놀러갔으며 나중에는 밀회의 장소로 사용했던 곳이다. 아름다운 정원, 너도밤나무와 소나무의 광대한 숲, 물결치는 초원의 등성이, 골짜기의 시냇물과 거기 숨어 있는 송어, 꽃이 한창인, 넝쿨에 덮인 테라스 등은 그들이 너무나 잘 알고 있는 것이었다. 이 영지의 역사는 백 번도 더 들어왔다. 이것은 윌리엄 1세에 의해 바이유의 주교 오드에게 주어진 것으로 리처드 몬포트가 여기 살고 있었으며 유명한 체스터필드 후작도 그랬다. 휴엔덴의 영주가 되는 것만큼 디즈레일리에게 큰 기쁨을 주는 것도 없었을 것이다. 그러나 그에게는 돈이 없었다. 결혼했을 때는 고리채의 이자로 불어난 젊었을 때의 빚과 그가 보증인이 되어 준 친구들의 빚이 2만 파운드나 되었다. 부친으로부터 그가 상속할 수 있게 되어 있는 몫은 1만 파운드 정도의 것으로 아이작 디즈레일리는 당장이라도 이 돈을 영지를 사기 위해 내놓아도 좋다고 말했으나 저택과 숲을 합해서 3만 5천 파운드의 가격이었다. 어디서 그것을 구할 것인가?

  조지 벤치크 경이 살아 있을 당시 디즈레일리는 그에게 그런 희망을 털어놓았다. 그때 조지 경은 농민을 위한 당의 지도자가 스스로 시골 신사임을 고백하는 것은 확실히 바람직한 일이라고 생각해서 그의 형제와 더불어 거액의 돈을 빌려주겠다고 제안했다. 방침이 정해졌으므로 아이작 디즈레일리는 아들을 위해 휴엔덴을 계약했다. 얼마 후 그는 자신도 거의 모른 채 81세로 세상을 떠났다. 최후의 순간까지 사라의 낭독은 계속되고 있었다. 같은 해 저택의 잔금 지불이 끝나기 전에 이번에는 벤치크 경이 죽었으나 그의 두 형제도 디즈레일리에게 대해서 조지 경과 같은 관대함을 보여 주었다. 자기가 '큰 도박'을 할 수가 없다면 인생은 자기에게 아무런 낙도 없는 것이며 당에도 도움이 될 것이 없다고 순진하고 솔직한 태도로 그들에게 말했다. 그들은 대도박을 하지 않고 사는 것은 견딜 수 없다는 것을 이해할 수 있으므로 디지는 메리 앤에게 이렇게 편지를 쓸 수가 있었다.

이제 결정되었어요. 당신은 휴엔덴의 안주인입니다.

이 매매거래는 분별있는 사람들로부터는 그야말로 비난을 받았을 것이다. 그러나 자기 소설에 나오는 저택과 똑같은 이 저택, 정원 안에 서 있는 작은 교회, 사제관(司祭館), 시냇물, 영지, 너도밤나무의 긴 가로수, 풀과 이끼의 융단 위에 나뭇가지가 아치형으로 뻗어 터널을 이루는 자연의 궁전을 내 것으로 만드는 기회를, 몇푼의 하찮은 금화따위가 없다고 놓치는 일이 디즈레일리에게 있을 수 있겠는가? ……이미 나무랄 데 없는 여성주(女城主)가 된 메리 앤은 그들이 독일 숲이라고 부르는 전나무 숲에 오솔길을 만들게 하고 시골풍의 벤치를 놓았다. 디즈레일리는 오랫동안 산책을 했다. 아내는 망아지가 이끄는 작은 마차를 타고 뒤따랐다.

 10월, 숲은 가을 치장을 한다. 보리수와 낙엽송은 노란 잎에 빨간 색칠을 한다. 적갈색의 너도밤나무는 햇볕을 받아 붉게 타오른다. 여기저기 떡갈나무와 느릅나무가 아직 한여름 같은 푸르름을 보이고 있다. 휴엔덴의 영주와 부인은 조용히 건물 쪽으로 돌아간다. 그는 45세, 그녀는 57세이다. 그러나 그는 다정하게 그녀 쪽으로 몸을 기울이고 그녀는 아름다운 자태로 그에게 몸을 기댄다. 테라스에선 공작이 눈부신 날개를 편다.

 "마님, 테라스만 있고 공작이 없다면 테라스 따위는 무엇에 쓰겠습니까?"

장 해

"정말이다! 그 청년은 반드시 자신의 꿈을 성취할 거야."
멜보른 경은 낙천적이었다. 권력과 자기와의 사이에 힘에 겨운 장애물이 연달아 서 있는 괴로운 도정(道程)이 아직 있음을 알고 있는 디즈레일리보다도 더 낙천적이었다.
'제1의 울타리' —— 그는 중의원에선 한 당의 우두머리였으나 자기가 사람들에게 존경받고 있지는 않다고 느끼고 있었다. 보수당은 파우스트이고 디즈레일리는 메피스토펠레스였다.
"나는 너에게 힘과 젊음을 주겠다. 그러나 한 가지 조건이 있어. 내가 언제나 네 곁에 있겠다는 것이다."
파우스트는 메피스토펠레스의 존재를 참고는 있었지만 조금도 사랑하지 않았다.
'제2의 울타리' —— 보호정책의 당은 이론이 없었다. "뭐라고? 그러면 보호는?" 하고 스탠리라면 말했을 것이다. 그러나 보호정책을 갖고서는 대정당의 강령 노릇은 못했다. 정당은 신념을 필요로 한다. 관세법으로서 사람들의 상상력을 자극할 수는 없다. 그런데 상상력만이 사람들을 움직이게 하는 것이다. 게다가 그 후의 정세로 피일의 과오는 사람들이 생각한 만큼 큰 것은 아니었음이 밝혀졌다.
"우리는 피일에게 반대하고 무엇을 지지하였는가?"
하고 디즈레일리는 말했다.
"자유경제는 농민들을 망하게 하고 물가도 내리지는 않을 것이라고 생각했던 것이다."
그런데 물가는 내리고 농민들은 소맥 관세법이 있던 시대 못지 않게 번영하고 있었다.
아마 우연한 일이었을 것이다. 날씨와 수확의 덕택이었다. 훗날에는 보호정책을 필요로 하는 또 다른 시기가 올 것이다. 그러나 현실가인 디즈레일리는 결과를 받아들였다. 농민들은 파멸하지 않았던 것이다. 그러므로 소맥의 관세를 다시 부과하겠다는 것은 미친 짓이다. 폭동이 일어나고 당의 생명도 끝장이 날 것이다. 보호정책은 사문화된 정책이 되었을 뿐 아니라 낙인을 찍히고 만 것이다.
'제3의 울타리' —— 로버트 경이 살아 있는 동안은 그를 빼고 보수당을 재건하는 것은 불가능했으며 그와 함께 이것을 재건하는 것도 불가능했었다. 처음에는 자기가 그 생애를 엉망으로 만들어버린 사나이와 글래드스턴을 한 사람 건너 뛰어 나란히 앉는 것은 디즈레일리에게는 겸연쩍은 일이었다. 자기가 넘어뜨린 로버트 경에게 그는 지금은 동정을 품고 있었으며 로버트 경에 대해서 이야기할 때면 언제나 그를 칭찬했다. 글래드스턴이 출석하지 않아 그들이 나란히 앉게 되어야 할 때는 디즈레일리는 친구에게 부탁하여 사이에 앉게 하여 로버트 경이 자기와 나란히 앉게 되는 괴로움을 당하지 않도록 해주었다. 그러나 피일은 그에게 노여움을 품고 보고 있었던 것은 아니고 조용히 그를 관찰하고 있었다. 그의 정책이 그가 물러난 후에 성공했기 때문에 그의 자존심은 누그러져 있었다. 그의 얼굴은 다시 침착을 되찾았고 행복해 보이기까지 했다. 어느 날 저녁, 디즈레일리가 멋진 연설을 하고 자리에 앉자 피일 옆에 앉아 있던 글래드스턴은 그가 조용히 칭찬하는 것을 들었다.

그 날 밤, 의회는 아침 5시까지 회의를 계속했다. 디즈레일리는 언제나처럼 휘황하게 등불이 밝혀진 집으로 돌아와서 자리에 들자 푹 잤다. 다음 날 늦게 일어난 그는 아내의 말대로 마차로 한 바퀴 돌아볼 마음이 들었다. 리전트파크를 가로지르려고 할 때 낯선 두 사람의 승마자(乘馬者)가 마차를 세웠다. "디즈레일리씨!" 하고 그들은 말했다.

"로버트 피일 경이 말에서 떨어져서 중태에 빠져 집으로 운반되었다면 흥미가 있겠지요."

"중태라고요?"

디즈레일리는 말했다.

"그렇지 않다면 다행인데……. 그를 잃는 것은 국가적인 불행이오."

두 남자는 어처구니없는 얼굴로 멀어져갔다.

그들의 말은 사실이었다. 피일은 아침에 말을 타고 나갔다가 밤의 의회에서 피로해 있었기 때문에 온순하지 않은 말에서 떨어지고 만 것이었다.

이튿날 칼턴에서 글래드스턴은 이렇게 말했다.
"피일은 모두와 화해하고 죽었다. 디즈레일리하고도."
급진파의 동의에 대해서 과반수를 얻지 못했으므로 존 러셀 경이 사직했다. 스탠리 경은 여왕의 부르심을 받았다.
다음 날 점심 때쯤 스탠리는 글로브나게이트의 디즈레일리가(家)에 명함을 내밀었다. 그는 푸른색으로 장식된 이층 방에 안내되었다. 밝은 얼굴로 눈을 빛내며 언제나처럼 경멸을 나타내듯 눈썹을 올리며 그는 말했다.
"자아, 내친 걸음이다!"
그러고는 진지해졌다.
"여왕에게 내각을 조직해보겠다 고 약속드리고 왔다."
여왕은 스탠리 경에게 중의원의 지휘를 누구에게 맡길 작정인지 물으셨고 그는 디즈레일리의 이름을 거론했던 것이다. 여왕은 그를 제지하며,
"디즈레일리 씨에 대해서 나는 좋은 감정을 갖고 있지 않습니다. 불쌍한 로버트 피일 경에게 대한 그의 처사는 불쾌합니다. 로버트 경의 죽음은 이 감정을 더하게 합니다……."
스탠리 경은 대답했다.
"폐하, 디즈레일리는 자기 지위를 구축하고 화려한 연설가로서의 명성을 확립하지 않을 수 없었던 것입니다. 자기 지위를 구축하지 않으면 안 될 사람은 자기 생애의 길이 처음부터 만들어져 있는 사람이라면 하지 않아도 될 일을 말하기도 하고 행동하기도 하는 법입니다. 디즈레일리만큼 의회라는 학교에서 많은 것을 배운 사람은 없습니다. 그의 논조

도 이제는 옛날과 아주 달라졌습니다."

"사실 그렇긴 합니다"

하고 여왕은 말했다.

"그러나 그런 중요한 자리에 앉으면 이제부턴 사람이 좀 더 온화해졌으면 좋겠습니다. 당신이 그것을 보증한다면 승인하기로 합시다."

"지금부터"

하고 스탠리 경은 이 이야기에 감동한 디즈레일리에게 말했다.

"글래드스턴에게 나를 만나러 오도록 편지를 쓰자."

글래드스턴과의 회견은 완전한 실패였다. 피일 파는 내각에 참가하기 위해서는 보호정책의 공식적인 부인을 요구하였으나 이것은 일종의 공공연한 사죄를 의미했다. 자존심이 강한 스탠리로서는 수긍할 수 없는 것이었다. 이런 일이 있어도 그는 유쾌한 기분을 버리지 않고 다음 날 귀족원의 친구들과 디즈레일리가 천거한 의원들을 소집했다. 그러나 수령의 호화로운 식당에서 이 초라한 사람들의 모임을 보았을 때 디즈레일리는 낙담했다. 그가 칭찬해마지 않았던 저 헨리는 양손을 커다란 스틱 위에 얹고 검고 거칠거칠한 눈썹을 하고 사상 같은 것은 전혀 없는 공허한 눈으로 무언가 난폭한 짓을 저지르고 견책을 기다리기나 하는 간수처럼 의자에 걸터앉아 있었다. 다른 사람들도 이와 비슷했다. 그들이 이야기를 시작하자 스탠리 경은 디즈레일리에게 눈짓을 했는데 수령이 마음속으로 어떻게 생각하였는지 디즈레일리는 즉각 알 수 있었다. 이 재기발랄하고 섬세한 인물에겐 이런 광경을 오랫동안 참기란 불가능한 것이다. 그는 모든 것을 포기하고 말 것이다. 디즈레일리는 미리 손을 써 두어 이미 원대한 계획을 세우고 장기내각과 유리한 선거를 꿈꾸고 있었다. 그런데 이것은 일은 시작하기도 전에 끝장이 난 것이다. 아아! 만약 디즈레일리가 당수였다면 얼마나 참을성 있게 꾸준히 동지들을 이끌어주었을 것인가. 그러나 그는 당수가 아니었고 이 진절머리내고 있는 대귀족의 변덕에 따르지 않으면 안 될 몸이었다. 거의 손에 잡힐 듯 하던 목적물이 또 후퇴하고 어쩌면 이젠 절대로 손이 미치지 않는 곳으로 가버리고 말았다.

스탠리 경은 디즈레일리에게 일어서도록 손짓하여 그를 방 한쪽으로 데리고 갔다.

"이래서는 안 되겠어"

하고 그는 말했다.

"좋다고는 할 수 없군요. 그러나 너무 서둘러도 안 됩니다."

스탠리 경은 테이블로 돌아왔다. 정부를 조직하는 일을 거절하지 않으면 안 된다, 특히 중의원에 사람이 모자라니까, 하고 그는 말했다. 간사(幹事)의 한 사람인 벨레스포드가 펄쩍 뛰며 칼턴에는 부르심을 기다리고 있는 유능한 인물이 여러 명 있다고 스탠리 경에게 단언했다.

"칼턴에 누가 있어?"라고 스탠리 경은 역정을 내면서 물었다. "디지가 있습니다" 하고 벨레스포드는 말했다. "푸우!" 도저히 여왕에게 추천할 수 있는 이름은 아니다.

"그런데 신사 귀족 여러분, 바쁘신데도 왕림하셔서 매우 감사하게 생각합니다. 그러나 일은 끝났습니다."

모두 망연하여 그 자리를 떠났다. 헨리는 끝내 말없이 시무룩해 있었다. 벨레스포드는 도박으로 신세를 망친 사나이 같은 얼굴을 한 채, 디지는 가장 유능한 인물 중 한 사람이라고 계속 말하고 있었다.

스탠리 경은 귀족원에서 조각(組閣)을 단념했다는 사실을 설명했을 때 자기 당의 무능함과 피일파의 작은 그룹의 눈부심을 과장해서 비교했다. 스탠리 경의 부관역을 해내는 것은 항상 쉬운 일이 아니었다.

글래드스턴의 괴로운 임무

 럭비경기에서 우수한 하프가 낙담하면서도 열성을 잃지 않고 무기력한 스리쿼터에게 몇 번이고 패스를 보내는데도 받은 쪽은 공격해 보려고도 하지 않는 일이 종종 있는 것처럼 디즈레일리도 꼭 그처럼 스탠리 경의 의욕 없는 손아귀에 권력을 인도해 주었던 것이다. 그의 대 임무, 그것은 당의 교육이었다. 당을 보호정책에서 빠져나오게 하지 않으면 안 되었다. 당을 계급 의식으로부터 국가의식으로 높여야 했다. 그 위에 민중의 복지와 제국의 안전을 도모하는 것을 가르쳐야 했다. 보호정책에 대신하려면 그는 의회를 제국 전체의 것으로 개혁한다는 대담한 계획을 제안했다. 식민지도 제국의 정책에 참가할 수 있도록 하여 그 표에 의해 도시의 민주적인 표와 대항하고 이렇게 해서 신선한 요소를 도입하여 도시와 시골, 공업과 농업이라는 쓸데없는 대립을 종결시키는 것이었다. "로맨틱한 상상이야"라고 다시 마음 편한 입장으로 돌아온 스탠리 경은 투덜거렸다.

그러나 볼은 다시 경에게 건네졌고 그는 윈저 궁으로 불려 갔다. 몇 개월 전부터 그는 부친의 사망으로 작위를 물려받아 더비 경이 되어 있었다. 그는 재차 글로브나게이트를 방문하여 다시 청색으로 장식된 방에 안내되었다. 그는 디즈레일리에게 이번에는 이렇게 말했다.
 "재무장관이 되어 주었으면 좋겠는데."
 "저는 재정에 대해서는 아무것도 모릅니다"
하고 디즈레일리는 말했다.
 "캐닝이 알고 있던 정도라고 알고는 있네…… 각국에서 숫자는 내놓으니까."
 다음 날 내각이 조직되었다. 당의 인적빈곤은 극단적인 것이어서 장관의 경험이 있는 의원은 내각에 3명밖에 없었다. 여왕의 생각으로는 내각은 더비 경 혼자서 구성하고 있었다. 더비 경은 어떻습니까 하고 사람들로부터 질문을 받으면 "잘하고 있어요. 내 아이들도 마찬가지입니다" 하고 대답했다. 웰링턴 공작이 새 각료의 면면을 사람들에게 전해 받았으나 노령으로 귀가 어두운데다 모두가 낯선 이름 뿐이어서 그는 "누구? 누구?" 하고 몇 번이나 되풀이해서 물었다. 신문이 이 말을 보도하자 내각은 '누구? 누구?' 내각으로 알려졌다. 그 중에서도 디즈레일리를 재무장관으로 뽑은 것은 가장 우스꽝스러운 인사라고 생각되었다.
 그러나 그까짓 일은 아무래도 좋았다. 그는 처음으로 무도회에 가는 날을 맞는 소녀처럼 들떠 있다. 늙은 린드허스트는 그가 자기 소망을 표명한 저 청년시절의 대화를 상기시켜 주었으나 당시의 차기어린 소망이 이제는 실현된 것이다. 시골에서 고독 속에 틀어박혀 있던 사라는 그 지방 사람들의 아첨으로 귀찮을 정도였다. 집배원은 시내로 전근하고 싶어서 디즈레일리양에게 머뭇머뭇 떨리는 목소리로 그 이야기를 했다. 디지는 대법관복(大法官服)을 물색하러 갔다. 금몰을 수놓은 검정 실크옷으로 대 피트(1708~1778. 7년 전쟁 때 수상이었음)로부터 전해 오는 것이었다. "무척 무겁지요" 하고 그를 안내한 재판관이 말하자 그는 "거짓말처럼 가벼워요" 하고 대답했다.

출발은 그리 나쁘지 않았다. 여왕마저도 중의원의 수령이 회의 광경에 관해 매일 밤 그녀에게 제출하는 보고서를 재미있어했다.
"디즈레일리씨(약칭 디지)는 매우 기묘한 보고서를 보내옵니다. 정말 그의 책과 꼭같은 스타일입니다."
더 비는 초심자뿐인 멤버에 상당히 만족하고 있었다. 의회는 갖가지 선거를 앞에 두고 있었다. 그러나 모든 선거가 끝나고 결과는 좋지 않았으므로 불행한 재무장관은 자기가 이렇게 기꺼이 집무하고 있는, 이 자리도 오래는 가지 않을 것이라고 느꼈다. 특히 글래드스턴이 그를 노리고 있었다.
그들의 어느 쪽도 원하는 바가 아니었는데 두 사람 사이는 차츰 정치생활이 결투와 같은 양상으로 되어가고 있었다. 외관상으로는 친한 친구였으며 부인들도 서로 왕래했다. 때로는 의회에서 약간 심한 논쟁이 있은 뒤에 글래드스턴이 메리 앤에게 와서 얼굴을 보이는 일도 있었다. 이론상 두 사람은 보수주의자였다. 글래드스턴은 정의하기 어려운 뉘앙스를 즐겨서 '자유당의 보수적인 측면보다는 오히려 보수당의 자유주의적인 측면'에 자기는 있고 싶다는 등의 말을 하고 있었다. 그러나 그들의 성격은 서로 달랐고 그들이 걷는 길은 엇갈렸다. 디즈레일리만 없었던들 글래드스턴은 당연히 피일의 후계자가 되었을 것이다. 피일도 그렇게 생각하고 있었다. "글래드스턴은 보수당의 지도자가 될 거야"라고 그는 죽기 얼마 전에 말했었다. "그러면 디즈레일리는요?"라는 질문에 "인도 총독으로 임명하지."

두 사람이 각각 다 상대방을 매섭게 비판하고 있었다. 글래드스턴이 볼 때 디즈레일리는 종교를 갖지 않은 사나이, 정치적 신념이 없는 사나이였다. 디즈레일리가 볼 때는 글래드스턴은 조심스럽고, 외관을 꾸며서 무서운 수완을 숨기고 있는 위선자였다. 글래드스턴은 주일학교의 소년처럼 일생을 보냈다. 이튼에서는 그는 아침저녁으로 기도를 올리고 있었다. 글래드스턴이 1830년대에 옥스퍼드에 재학하고 있었기 때문에 옥스퍼드의 젊은이들은 1840년대에는 옛날처럼 술을 마시지 않았다.

의회에서 그는 즉각 피일의 근면한 생도, 마음에 쏙 드는 제자가 되었다. 디즈레일리는 학교에서도 방랑자처럼 살았다. 그는 장관이나 주교의 주소보다 먼저 고리대금업자의 집을 알아놓았던 것이다. 디즈레일리의 적은 그를 정직한 인간이 아니라고 비난했다. 글래드스턴의 적은 이를 가장 나쁜 의미로서의 신사인 체하는 놈이라고 말했다. 디즈레일리의 적은 그가 기독교도가 아니라고 비난했다. 글래드스턴의 적은 그를 아마 훌륭한 크리스찬이긴 하지만 증오할 이교도임에 틀림없다고 말했다. 디즈레일리는 몰리에르와 볼테르에 게서 배운 것이 많았으나 글래드스턴은 탈츄프(몰리에르의 희극)야말로 삼류 희극이라고 생각하고 있었다. 디즈레일리는 냉소적이고 잔소리 많은 늙은 브라이트씨가 외투를 입는 것을 거들면서 그에게 속삭였던 것이다.

"브라이트씨, 결국 우리 두 사람이 무엇 때문에 여기 와 있는지 충분히 알고 있는 셈이지요. 야심(野心)이라는 놈이지요."

글래드스턴은 그런 것은 생각해 보지도 않고 단언하는 것이었다.

"그렇습니다, 지금까지 야심 때문에 무엇인가 저질렀다고 자신을 나무라는 것은 불가능하다고 생각합니다."

글래드스턴에게 관해서는 남에게는 많은 것에 관해서, 자기 자신에게는 모든 일에 대해서 설득력 있는 사람이라고 일컬어지고 있었다.

디즈레일리는 타인을 설득하는 능력은 있었으나 자기에게 대해서는 무력했다. 글래드스턴은 추상적인 원칙을 선택하여 거기서 제멋대로의 것을 결론짓기를 좋아했다. 그는 자기가 바라는 것은 신이 바라는 바라고 믿어버리는 경향이 있었다. 사람들이 그를 비난하는 것은 그가 언제나 소매 속에 으뜸패인 에이스를 가지고 있다는 것보다 오히려 그가 그것을 하느님의 선물이라고 자랑하는 점에 있었다. 한편 디즈레일리는 추상적인 원칙은 질색이었다. 그가 어떤 관념을 좋아하는 것은 그것이 그의 상상력이 마음에 들었기 때문이었다. 그것을 실제로 시험하는 것은 행동에 맡겼다. 보호정책의 경우처럼,

디즈레일리가 의견을 바꿀 때에는 그는 그것을 공언하였고 변덕스럽다는 평판을 들었다. 글래드스턴은 지푸라기라도 널 빤지라고 생각하여 악착같이 달라붙었다. 디즈레일리는 글래드스턴이 성인이 아닌 것을 확신하고 있었으나 글래드스턴은 디즈레일리가 악마가 아닐까 하고 의심하고 있었다.

그러나 두 사람은 서로 상대방에 대해서 오해하고 있었던 것이다. 글래드스턴은 디즈레일리가 일부러 표명하는 냉소적인 신앙고백을 전부 곧이 받아들이고 있었다. 디즈레일리는 글래드스턴이 스스로도 본심으로 속고 있는 문구를 위선이라고 믿고 있었다. 디즈레일리는 이론을 준수하는 인간인데도 기회주의자임을 자랑하고 있었다. 글래드스턴은 기회주의자인데도 이론에 충실함을 자랑하고 있었다. 이성을 경멸하는 체하고 있는 디즈레일리가 올바른 추론을 하고, 이성을 작용시키고 있다고 생각하는 글래드스턴은 정념(情念)에만 쫓겨 움직였다. 글래드스턴은 막대한 재산이 있으면서 매일 출납부를 적었다. 그러나 디즈레일리는 막대한 부채를 지고 있으면서 세어보지도 않고 돈을 썼다. 두 사람은 단테를 좋아했는데 디즈레일리는 특히 〈지옥편〉을 즐겨 읽었으며 글래드스턴은 〈천국편〉을 읽었다. 경박하다고 소문난 디즈레일리는 사교계에서는 말이 없었다. 그렇지만 진지하다고 소문난 글래드스턴은 사교계에서의 말솜씨가 참으로 매력적이기 때문에 그를 미워하려면 만나지 않도록 해야 될 정도였다. 글래드스턴은 종교와 재정의 두 가지 일밖에 관심을 갖지 않았으나 디즈레일리는 무엇에나 관심을 갖고 있었으며 종교도 재정도 그 안에 포함되어 있었다. 두 사람 다 상대방

의 종교를 믿지 않았으나 이 점에서도 두 사람은 오해하고
있었다. 글래드스턴과 그 아내도 무언가 특히 기분이 좋은
일이 있을 때는 난롯불 앞에 서로 껴안고 서서,

건달꾼 남편에 바가지 마누라
뜬세상 물결에 기진맥진

하고 노래하면서 몸을 흔들 때도 있다는 것을 디즈레일리가
알았다면 매우 놀랐을 것이다.
 이렇게 해서 1852년 12월의 어느 비바람 치던 날, 예산심
의 때 이 두 사람의 숙적(宿敵)이 연달아 일어섰을 때는 두
개의 초자연적인 힘이 마주하고 선 듯했다. 뚜렷한 옆얼굴,
줄무늬 마노(瑪瑙)와 같은 눈을 하고 갈기같은 흑발을 힘 있
게 뒤로 흔드는 글래드스턴은 바다의 정기(精氣)처럼 보였
다. 빛나는 곱슬머리, 조금 앞으로 굽은 실루엣, 부드러운 손
을 가진 디즈레일리는 오히려 불의 정령(精靈)과 같았다. 그
들의 발언을 조금 들어보면 디즈레일리가 좀더 재능이 뛰어
난 것은 분명했으나 글래드스턴은 도덕적으로 우위라는 투
로 발언함으로써 오히려 의회에서 호평을 얻었다.
 디즈레일리의 예산만큼 의회에서 공격을 받은 예산도 이
제까지 없었다. 그가 피일에게 공격한 보복을 당한 셈이다.
일주일 동안, 매일 밤, 그는 조소당하고, 우롱당하고 경멸당
했다. 훌륭한 경제학자들이 차례차례로 그의 무지와 어리석
음을 폭로했다. 모든 사람이 빈정대면서 그가 보호정책을 버
린 사실을 큰 소리로 말했다.

그는 팔짱을 끼고 눈은 반쯤 감은 채 꼼짝도 않고 자신을 비난하는 소리를 들었다. 그 창백한 얼굴은 무표정이었다. 그는 자기가 예전에 피일에게 던진 빈정댄 말들을 상기하고 있었던 것은 아닐까?

"이미 시골신사에 대해서 이야기하는 것은 별로 들을 수 없습니다."

그렇게 말했던 그가 지금은 남에게서 그런 식의 비난을 듣고 있는 것이다.

"이미 그 보호정책에 관해서 이야기하는 것은 별로 들을 수가 없습니다."

그는 듣고 있는 것 같지도 않았고 느끼고 있는 것 같지도 않았다. 드디어 그가 발언하게 되었을 때, 그 빈정거림 뒤에 숨어 있는 격렬함은 그에게 상처를 입혔음을 증명하고 있었다. 그는 감정을 누르고 차분하고 변함없는 투로 이야기하려고 했으나 가끔 그 입에서 나오는 가시를 품은 듯한 비아냥은 오히려 애처로울 정도였다.

"나는 날 때부터의 재무장관은 아닙니다. 나는 의회에 소속된 한 사람의 무뢰한입니다."

라는 시작은 보수당 수령의 말로서는 예상치 못한, 루소풍의 기묘한 여운을 가지고 있었다. 그의 긴 연설 동안 심한 폭풍이 계속되었다. 그의 적은 악마의 모습을 보고 있는 것처럼 생각되었으나, 그 광경은 문 밖 번갯불의 번쩍임과 천둥소리와 아주 흡사한 배경이었다. 글래드스턴이 일어섰을 때는 모두 숨을 돌렸다. 폭풍은 이미 멎어 있었다. 장중하고 도덕적인 문구가 사람들의 마음을 기분 좋게 흔들었다. 그 매끄럽고 온화한 어조는 휴식이 되었다.

　영국 예산안에서 볼 수 있는 미묘한 시(詩)는 디즈레일리와 같은, 어릴 적부터 웨스터민스터의 시신(詩神)에 의해 키워지지 않은 불행한 인간에게는 아마 가장 어려운 예술일 것이다. 거기서는 신비적이지만 준엄한 법칙에 의해 설탕에 관한 1실링이 별안간 무서운 불협화음을 내는(옛날부터 단골은 모두 새로운 지휘자를 가련한 듯이 보면서 이를 간다)가 하면 맥주에 대한 1실링이 그들의 귀에는 아마 가장 감미로운 화음을 들려주는 것처럼 보인다. 보리눈[麥芽]에다 부과하는 세금과 해군비의 절감이 어려운, 그러나 엄밀한 대위법으로 서로 쫓고 쫓기지만 날 때부터의 재무부장관이라면 본능적으로 이것을 깨달으리라는 것은 의심할 여지가 없다. 그리고 선천적으로 이 준엄하고 숭고한 예술의 대가인 글래드스턴은 손쉽게 신참인 상대의 잘못을 폭로하도록 만들었다.

　디즈레일리는 여전히 팔짱을 낀 채, 피로에 지친 눈을 하고 듣고 있었다. 가끔 그는 대형 시계를 바라보았다. 특별석에서 자기 내각의 운명을 결정짓는 투표를 기다리고 있던 더비는 몇 분간 주의깊게 글래드스턴의 발언을 듣고 있었으나 두 팔 속에 머리를 떨어뜨리면서 한 마디 했다. "시시하군!"

　아침 4시, 305표 대 286표로 내각은 해산되었다. 권력의 시간은 짧았다. 디즈레일리 퇴진의 훌륭함은 무엇으로도 표현할 수 없을 정도였다. 그는 조금도 슬픈 기색을 보이지 않고 자기의 연설이 지나치게 열띤 것이었다고 모두에게 사과했다. 존 경이 그의 싸움에 임해서 보여준 용기를 칭찬하고 막은 내렸다. 그날 밤 글래드스턴은 디즈레일리의 실각을 이

끌어낸, 중매역을 하게끔 선택된 사실을 얼마나 유감으로 생각하고 있는가는 하느님이 알고 계신다고 그의 일기에다 썼다.

그는 확실히 위대한 재능을 가지고 있다. 그가 그것을 선용(善用)하기를 나는 간절히 기도하는 사람이다.

그리하여 자유주의 내각이 조각되었으나 글래드스턴은 끝내 과거와 결별하고 피일파의 친구들과 함께 가담했다. 이 내각은 매우 쟁쟁한 인물들로 구성되었기 때문에 '누구? 누구?'의 내각과 비교해서 '재능망라'라고 불렸다.

그림자

 50세. 51세. 55세. 세월은 그 얼굴의 윤곽을 뚜렷하게 한다. 두 개의 홈이 콧방울에서 시작해서 입 가장자리에 이른다. 눈 밑의 피부는 점점 검은색을 띤다. 아랫입술은 무거운 듯이 밑으로 처진다. 조국을 떠난 베두인 사람(사막 지방의 아라비아인)은 해맑은 살결의 영국인처럼 곱게 늙지 않았다. 수놓은 조끼와 금사슬을 달고 있을 당시의 싱싱한, 곱슬머리의 그를 모르는 젊은 여성은 그를 추하다고 생각했다. 메리 앤은 그렇게 생각하고 있지 않았다. "디즈레일리는" 하고 누가 그녀에게 말했다.
 "오늘 밤 의회에서 훌륭한 연설을 했습니다. 그때의 그는 얼마나 멋있었는지 몰라요!"
 "네에, 그렇구말구요! 멋있었죠? 그이를 못났다고 말하는 사람도 있지만 그럴 리는 없어요. 그이는 아름다워요. 자고 있을 때의 그이를 모두에게 보여 주고 싶어요."
 그러나 그는 더욱 과묵해져갔다. 그가 미소짓는 것을 본

적이 있는 사람은 런던에는 이제 두 사람밖에 없었다. 그는 대도박을 감행할 의지를 그냥 그대로 간직하고 있었다. 그러나 언제 승리를 얻을 수 있을 것인가? 그는 의혹을 품기 시작하고 있었다. 그는 이제까지의 의회에서 들었던 것 중에서 가장 아름다운 연설이라고 할만한 연설을 몇 번이나 했다. 몇 번이나 그는 반대당을 공격하였으나 어떤 때는 그 지도자가 마지막 관문에서 몸을 피하고 말았으며 어떤 때는 모처럼 조직된 내각이 몇 개월 만에 붕괴되었다. 이어서 크리미아 전쟁이 일어나고 일종의 성스러운 동맹이 강요되었다. 피일파의 탈퇴로 생긴 틈새는 메워지지 않았다. 당은 내내 무력했다.

오랜 친구들은 세상을 떠났다. 레이디 브레싱턴은 1851년에 파리에서 죽었다. 그녀는 마지막 한 실링까지 탕진하고 도르세이와 함께 런던에서 도망쳐야 했다. 그래도 그녀는 옛날 자기의 도움을 받았던, 이제는 위대한 인물이 된 사람에게 죽기 전에 축복의 말을 보낼 수는 있었다. 도르세이는 그녀보다 약간 더 오래 살았다. 그들은 망트 근처의 샹블시의 같은 화강암 피라미드 속에서 함께 쉬고 있다. 커닝즈비의 모델이 되어 청년 영국당을 시작한 냉소적인 성격의 스미스, 매력적인 스미스도 거의 비슷한 가난 속에서 죽었다. 그는 디지에게 〈인생이란?〉이라는 제목의 시를 남겼다.

　　인생이란? 작은 투쟁이다, 거기서는 승리도 공허하다,
　　이긴 자는 아무것도 손에 쥐지 않는다…….

디지는 이 시를 자주 읊곤 했다.

불사신인 것처럼 보이던 공작도 마침내 죽었다. 사람들의 행렬은 세인트 폴 사원까지 이어지고 2천 명의 목소리가 헨델의 음악을 노래했다. 합창대가 악보를 넘기자 바람이 일어날 정도였다. 디즈레일리는 연설했다. 그는 그 중에서 분별없이 체일의 흉내를 내다가 그것을 알아챈 군중의 분노를 샀다. 늙은 린드허스트는 아직 살아 있었다. 88세로 이젠 눈이 보이지 않지만 정신은 아직도 발랄하다. 그는 읽을 수가 없으므로 좋아하는 시인이나 기도서를 암기하고 있다. 겨우 8살이 된 손주딸이 그에게 그의 일과를 암송시켜 주었다. 한편 바루워는 매우 변했다. 그도 또한 보수파가 되었으나 전혀 도움이 안 되는 동지였다. 그는 증오심을 품고 흥분하여 쫓아다니는 미치광이 같은 로지나를 두려워하면서 살고 있었다. 그 분노로 인해 그는 완전히 지쳐버리고 말았다. 이제 그는 칭호, 귀족원, 재산, 휴식 따위밖에 생각하고 있지 않았다.

캐롤린 노턴은 아직 아름다웠으며 다발로 땋아서 이마 위로 둘러 얹은 그 머리는 아름다운 흑자색이었으나 윤기없이 까칠해졌다. 지난 날 미의 여왕이었던 레이디 시모어에게는 이미 30살이나 된 아들이 있었다. 그녀는 식탁에서 일어서는데 옆사람의 손을 빌려야만 했다. 중대한 손실은 충실한 시모어 경이 1859년에 죽은 일이었다. 화목한 가족의 자리, 피난처와 같은 항구, 애정의 중심은 이제 없어졌다. 이제 아내이고 어머니이고 누이가 되어야 하는 것은 메리 앤이며 그녀는 이러한 역할을 놀랄만큼 훌륭하게 해내고 있었다. 그녀는 언제나 디지를 이해하고 있어서 결코 그를 지루하게 만들지 않았다. 그녀는 그를 모든 시대를 통한 최대의 천재라고 생각하고 있으며 그가 메모한 것은 어떤 종이쪽지라도 소중히 보존해 두었다. 때로는 사람들이 보는 앞에서 그의 손을 잡고 공손하게 손등에 입을 맞추었다. 그녀는 지금도 어처구니 없는 말을 한다. 윈저에서 어느 왕녀에게 이렇게 말했다.

"그렇지만 이보세요, 애정이 깊은 남편을 갖는다는 것이 어떤 것인지 아마 모르실 거예요!"

뱃심이 좋아서 능글능글한 조지 스미스가 어느 날 디즈레일리에게 부인께서 무엇이든 말해버리므로 계면쩍지는 않는지 물었다.

"천만의 말씀, 계면쩍었던 일은 한 번도 없었어!"

"그래? 디지, 자네는 상상못할 장점을 여러 모로 갖고 있는 사람임에 틀림없네!"

"전혀 그렇지 않네. 나는 단 한 가지 장점이 있을 뿐인데 대부분의 사람에게는 그것이 없단 말이야. 감사하는 마음이지."

다른 사람에게는 이렇게 말했다.

"그녀는 다른 사람이 나를 경멸했을 때 나를 신뢰해 주었어요."

해마다 결혼기념일에는 그는 짧은 시를 써서 그녀에게 선사했다.

어떤 기묘한 인물이 그들의 생활 속에 등장했다. 디즈레일리는 훨씬 전부터 토케에 사는 브리지 윌리엄즈 부인이라는 미지의 찬탄자로부터 가끔 편지를 받고 있었으나 이 여자도 그와 같은 유태인이고 기독교도라고 말하고 있었다.
"토케의 미친 할머니를 알고 있나?……"
하고 그는 친구들에게 물었다. 어느 날 브리지 윌리엄즈 부인이 그에게 유언 집행인이 되어서 거액의 유산을 받아달라고 부탁해왔다. 그는 메리 앤과 함께 그녀를 만나러 갔다. 그녀는 75세로 디룩디룩 살이 쪄서 우스꽝스러웠으나 호감이 가는 인물이었다. 그들 부처와 노파는 우정을 맺었다. 휴엔덴에서 토케로 제비꽃이 보내지고 토케에서 휴엔덴으로 장미가 보내져 왔다. 사라에게 보내는 편지 대신 브리지 윌리엄즈 부인에게 매일 편지가 부쳐지게 되었다.

당신의 장미는 올해의 나의 큰 기쁨이었습니다. 그것은 내 방 테이블 위에서 일주일 이상이나 견뎠습니다. 그렇게 모양이 예쁘고 색깔이 곱고 향기가 훌륭한 장미는 처음 본 듯합니다……
당신의 장미는 카슈미르에서 건너온 것임에 틀림없다고 나는 진심으로 믿고 있습니다…….

오늘 아침 저의 식탁에 보내주신 왕새우는 어디서 구하셨는지요? 바다의 여신의 동굴에서입니까? 매우 신선했어요. 대양의 부드러움과 소금맛을 그대로 느끼게 해주었습니다.

그 밖에도 여성의 우정이 무척 음산한 생활을 장식해 주었다. 레이디 런던데리가 있었다. 레이디 도로시 네빌이 있었다.

친애하는 도로시, 당신이 주신 딸기는 당신 만큼이나 신선하고 감미로웠습니다. 게다가 마침 제가 병이 나 열이 있을 때 도착하였습니다.

또한 그는 처음 그녀와 만난 무도회의 일을 아직도 기억한다. 그때 그는 이렇게 말했다.

"조지 2세 때의 그림에서 빠져나온 듯한 저 젊은 여성은 누굽니까?"

그 당시의 여성은 얼마나 우아함과 재기가 넘쳤던가! 1860년인 지금 처녀들이 갖는 희망은 단 하나, 춘희(椿姬)로 잘못 보였으면 하는 것뿐이다. 그녀들은 스커트를 무릎까지 올리고 예쁜 다리를 보이면서 걸어다니고 남자들을 톰, 존, 디크 등으로 부르며 화이트에서 최근에 일어난 스캔들에 대해 청년들과 논쟁한다.

국왕들도 교체되어간다. 옛날 튈르리 궁에서 디즈레일리에게 정말로 멋있게 자른 햄을 하사하신 현명한 루이 필립이 유배지의 침대 위에서 눈물을 흘리는 것을 그는 보았다. 대신 튈르리에서 그를 알현한 것은 옛날 템스강을 보트로 건네준 황제였다. 메리 앤은 나폴레옹 3세의 오른쪽에 앉아서 그때의 좌초했던 일을 상기시키고 그가 언제 어떻게 해서 하지도 못하는 일을 하려고 했는가를 이야기하는 것이었다. 황제는 웃고 황후는 "정말 이분다운 일입니다"라고 말했다. 디지의 천일야화적 취향은 제2제정의 파리에서 채워졌다. '황후는 백조와 같은 목덜미에 알라딘의 동굴에서도 발견할 수 없을만큼 에메랄드와 다이아몬드 목걸이를 하고 있는' 프랑스에 대한 그의 사랑은 내내 변치 않았다. 그는 밀사를 보내서 종종 황제에게 훌륭한 충언을 했지만 애석하게도 그것은 거의 받아들여지지 않았다.

전에 디지가 늙은 친구 린드허스트를 따라서 그 왕궁에까지 간 적이 있는 저 귀여운 여왕은 위엄과 힘에 넘친 군주가 되어 있었다. 그녀는 어느새 디즈레일리와 친숙해져서 그와 그의 아내를 친절하게 대우하기 시작하였다. 앨버트 공은 전해에 서거했다.

이러한 디즈레일리에게 자신의 생애가 전혀 실패는 아니었다고 생각케 해주는 것은 청년들에게서 받는 찬탄의 마음이었다. 그의 정치적 자유분방함에 그들을 매료시키는 무엇인가가 있었다. 열광적인 비서 몬타규 콜리가 그를 숭앙하고 감동적인 헌신을 보여주었으며 더비의 아들 스탠리는 그의 생도, 너무 조심성스럽지만 감사를 잊지 않는 제자였다. "다만" 하고 디즈레일리는 말해준다. "자네들 더비 가문의 사람에게는 상상력이 없어." 그리스인들이 국왕이 될 인물을 찾아서 스탠리에게 왕위를 제안해 온 일이 있었다. 그러자 스탠리는 바이런과는 달리 이를 거절했다. 아아! 만약 디지에게 그리스의 왕좌가 제공되었더라면!

1853년에 디즈레일리는 옥스퍼드에 가서 명예박사의 칭호를 받았다. 위대한 인물들이 학생들로부터 조롱과 욕지거리로서 영접되는 일이 종종 있음을 알고 있었던 그는 불안을 안고 그곳으로 갔다. 그러나 웰링턴 공 이래, 이만큼 열광적인 광경을 본 적은 아직 없었다. 그는 창백하고 무감동한 얼굴로 총장 쪽으로 걸어나갔으나 강당은 박수로 떠나갈 듯했다. "제군들은 진정한 갈채를 보내고 있는건가?" 하고 총장은 물었다" "네, 그렇습니다. 진심으로 갈채를 보내고 있습니다!"라고 학생들은 대답했다. 그러자 그의 무표정한 얼굴이 약간 빛났다. 그는 돋보기로 여자석을 살펴 메리 앤을 발견하자 거의 눈치채지 않도록 손으로 키스를 보냈다.

60세. 61세. 세월은 천천히 그러나 순식간에 지나간다. 인간이 정한 의회 회기의 리듬도 계절이라는 신이 정한 리듬에 따라 돌아간다. 디즈레일리는 늙어간다. 이젠 영원히 수상이 되지 못할지도 모른다. 아직은 한두 번 더비의 깃발 아래서 일한다. 그러자 이번에는 스탠리의 시대가 올 것이다. 훌륭한 가문에는 특권이 있는 것이다. 분하기 짝이 없다. 자신이 권력을 잡을 수 있었다면 얼마나 좋았을까? 그러나 갖고 있지도 못한 것을 너무 집착해서는 안 된다.

휴엔덴의 영주 자리에 앉아서 디즈레일리는 공상에 잠긴다. 언젠가 주교들을 임명하게 될 이 권력자를 클라브 신부는 미사를 집전하면서 불안한 듯이 바라본다.

"주여 내 기도를 들으시고 나의 부르짖음을 주께 상달케 하소서…… 내 날들은 연기같이 사라지고 내 뼈는 화로 속처럼 타나이다…… 나는 광야의 당아새 같고 황폐한 곳의 부엉이 같사오며 내가 밤을 새우니 지붕 위의 외로운 참새 같나이다…… 내 원수들은 종일 나를 비방하며 나를 조소하는 자는 나의 이름으로 저주하나이다…… 나의 연약함은 기울어가는 저녁 그림자 같고 나는 풀의 쇠잔함 같나이다. 그러나 주여, 주는 영원히 계시고 주의 기념 명칭은 대대에 이르리이다……".

 그는 메리 앤의 작은 수레 곁을 걸어서 집으로 간다. 메리 앤은 망아지를 몰면서 바뀐 모습(치장)들을 자랑한다. 그녀는 여러 가지 이야기를 한다. 메리 앤은 정말 대단한 수다쟁이다. 그녀는 연못에 아름다운 백조를 두 마리 놓아 주었다. 디지가 그것을 히어로와 리안다(그리스 신화에 나오는 서로 사랑하는 남녀 마로의 시가 있다)라고 부르지만 그녀에게는 그 이유가 통하지 않는다. 그녀는 정원을 개조하여 오래된 주목(朱木) 숲에 사는 부엉이의 안식을 흐트려놓았으나 디지는 그것을 미네르바의 새라면서 종교적인 배려를 한다. 그들은 저녁때 종종 그 구부러진 부리로 창문을 두드리러 오고 밤에는 그 크고 동그란 눈이 번쩍번쩍 빛난다.

흔들리는 돛대 정상에서

어떻게 지금이 공리적인 시대라고 단정할 수 있겠는가? 지금은 무한히 로맨틱한 시대인 것이다. 왕좌가 붕괴되고 왕위는 옛날얘기에서처럼 사람들에게 제공된다. 이 세상에서 가장 권력 있는 사람들도 남녀를 불문하고 몇 년 전에는 모험자나 유배자에 지나지 않았던 것이다.

— 디즈레일리 —

브라이트와 디즈레일리와 러셀이 잠자는 사자를, 달군 쇠꼬챙이로 집적거려서 깨우려 하고 있는 그림을 〈펀치〉지(誌)가 1859년에 실었다. 하나하나의 쇠꼬챙이에 '개혁'이라는 글자가 씌어 있었다. 정확한 상징이었다. 극히 한정된 선거인층을 증가시킨 데 불과했던 1832년의 불완전한 개혁 이후, 영국이라는 잠자는 사자가 새로운 방법에 흥미를 갖도록 하려고 모든 당이 힘을 다하고 있었다. 그러나 포식한 사자는 잠을 계속 자고 있고 의회는 사산(死産)으로 태어난 개혁의 망령이 득실거리는 저승과 같았다. 언젠가 토리당 정부가 10파운드 이상의 가임지대(家賃地代)를 물고 있는 모든 사람에게 투표권을 주자고 제안하자 야당인 휘그당은 이것은 파렴치한 짓이며 8파운드가 인권의 건전한 한계라고 떠들어대었다. 또 어느 땐가는 휘그당 의원이 7파운드를 제안하자 더비는 예언자역인 디즈레일리의 입을 빌려서 그것은 영국으로 하여금 우민정치의 모든 위험에 노출시키는 것이라고 단언케 했다. 실제 문제는 양당의 어느 쪽이 새로운 유권자의 마음에 드는가를 아는 점에 있었다. 그러나 글래드스턴은 이처럼 선거의 통계학을 파고들어 민중의 힘을 침략군처럼 계산하는 사람들에게 대해 분개하면서 말했다. "그러한 고찰의 대상이 되어 있는 사람들은 우리의 형제이며 우리와 마찬가지로 기독교도이며 우리 자신의 혈육과 같은 것이다." 이 말을 듣고 어느 토리 당원은 무엇 때문에 우리의 혈육이 7파운드의 가임지대로서 경계가 만들어지고 있는지 그에게 물었다. 휘그당원 중에서도 또한 이 감상적인 알쏭달쏭한 문구를 악취미라고 생각하는 사람들이 있었다. 그들은 당에서 탈당하고 브라이트는 그들에게 아달룸당이라는 이름을 선사했다. 왜냐하면 '다윗 왕이 아달룸의 동굴에 숨자 부채가 있는 자와 불만을 품은 자는 모두 그 주위에 모였기' 때문이다. 그래서 디즈레일리는 아달룸당의 힘을 빌려 낙담하고 있는 존 경과 화가 난 글래드스턴을 때려눕혔다. 그리하여 더비 경은 여왕의 손에 키스를 하고 디즈레일리와 함께 내각을 만들었다. 그들은 다시 소수이면서도 운명의 장난으로 정권을 잡았으나 이번에도 역시 그들의 내각은 단명할 것으로 예상되었다.

더비 정부가 발족하자마자 무엇 때문인지 모르나 영국 사자는 별안간 언짢은 기분으로 눈을 뜨고 하이드 파크의 울타리로 상징되는 그 우리를 쳐부수었다. 사흘이나 군중이 개혁을 외치면서 밀어닥쳤으므로 군대를 출동시키지 않으면 안 되었다. 내무장관은 기가 막혔다. 메리 앤은 창문으로 이 시위운동을 바라보면서 그들이 즐거운 듯이 시위하는 모습을 보고 동정을 품게 되었다. 여왕은 더비를 하르모랄로 불러서 이 문제는 이미 30년 전부터 나라를 소란스럽게 하고 있는 것이며 언젠가는 해결하지 않으면 안 된다. 그리고 그것은 보수당 내각에 의해 결말을 짓는 것이 좋겠다는 뜻을 전했다. 돌연 디즈레일리의 머리에는 멋진 생각이 하나 떠올랐다.

마음속으로 그는 오래 전부터 변함없이 노동자계급 중 가장 진지한 부분에까지 투표권을 확대시켜야 한다는 생각을 하고 있었다. 그가 《시빌》에서 말한 귀족제도와 민중과의 합일은 이렇게 함으로써 가장 현실적인 형태를 취하는 것이 되며 또한 가장 대담한 방법이 가장 현명한 방법일 것이었다. "무엇 때문에" 하고 그는 더비에게 말했다.

"집집마다 투표권을 왜 주지 않는 거예요? 가임지대와 관계없이 주거와 거주기간에만 적당한 제한을 붙여서 한 집마다 한 표를 주는 겁니다."

적어도 이것은 원칙적으로는 옹호할 가치가 있는 것이었으며 보수적인 원칙이기도 했다. 집의 소유자는 언제나 국가의 번영에 관심을 가지고 있다고 할 수 있으나 이에 반해 10 파운드, 5파운드, 6파운드라는 따위의 구분은 부조리한 것이며 지지할 것이 못 되었다. 또한 이들 새로운 유권자를 증가시킨 당은 그들을 자기 편으로 만들 찬스를 가질 것이 뻔했다. 그리고 특히 자유당은 그 강령 중의 가장 민중적인 것을 잃게 된다. 확실히 이것은 시도해 볼 가치가 있는 것이었다. 다만 당이 이것을 승낙할 것인가?

그러나 당은 놀랄만큼 총명함을 보여 주었다. 토리당에는 적에 의해 만들어져 30년 이래 그들 정권으로부터 멀리 하고 있는 1832년의 선거법을 옹호할 이유는 전혀 없었다. 휘그당의 가장 좋은 카드를, 비장의 에이스로 끊는다는 생각은 그들을 한없이 기쁘게 했다. 다소의 반대자는 있었으나 당의 대부분은 이 안을 받아들였다. 대승리의 서광은 즉시 보였다. 자유당의 대부분은 깜짝 놀라고 보수파가 자기들의 정책을 실시한다면 그들에게 찬성투표를 던지지 않을 수 없다고 생각했다. 글래드스턴은 패배했다는 것을 깨달았다. 그의 유일하게 현명한 태도는 이거야말로 우리의 승리라고 외치는 일뿐이었을 것이다. 그러나 그는 악의 정령이 천사의 기치를 높이 쳐드는 것을 보고 화가 치밀었다. 그는 술책에 넘친 적수에게 대해 일찍이 들어보지 못한 만큼의 격렬함으로 달려들었으나 상대는 아무렇지도 않은 태도로 글래드스턴이 보여준 미친듯한 분노의 모습의 과장됨을 강조했다. "가장 존경하는 신사께서" 하고 그는 말했다.

"말씀드려 두어야 하겠습니다만 이러한 장소에서는 좀처럼 사용되는 일이 없는 투로 저에 관해서 말씀하셨습니다.

저는 귀하께서 보여주신 열광을 별로 중요시하고 있는 것은 아닙니다만 그러나 사실, 귀하의 태도는 너무 흥분해 있고 귀하의 행동거지가 너무도 우려스러운 적이 종종 있었으므로 본 의회에서 이 테이블 양쪽에 앉아 있는, 서로 대립하는 당이 이처럼 크고 단단한 가구에 의해 격리되어 있음을 생각하면 정말 안도의 숨을 내쉬는 바입니다."

투표를 해 보니 내각은 상대보다 21표를 더 차지했다. 휘그당 정부가 30년 동안 통과시키려다 관철하지 못한 법률을 디즈레일리는 자기에게 적의를 품고 있는 의회에서 성립시켰던 것이다. 의회에서의 위대한 승리였다. 글래드스턴도 그것을 느끼고 일기에 이렇게 썼다.

틀림없이 이것은 유례없는 괴멸이다.

그리고 무척 분해했다. '아침 식사 때 글래드스턴을 만났다'라고 어떤 방관자는 쓰고 있다.
"그는 디지의 악마적인 책략에 완전히 공포에 싸인 듯했다."
더비는 매우 기뻐했다. 그는 이 법이 '미지의 도약임을 인정하고는 있었으나 양손을 비비면서 이렇게 덧붙였다. "휘그당을 골려주었지 뭐야?"
투표 후, 디지에게 대한 보수파의 갈채가 터져나갈 듯이 오랫동안 계속되었다. 너도나도 그의 손을 잡으려고 했다. 그 중의 대다수는 웨스터민스터에서 나오자 칼턴에 모여서 즉석 회식을 가졌다. 디즈레일리도 귀갓길에 잠깐 얼굴을 내밀었으나 여기서도 또한 무한한 갈채로 환영받았다. 친구들은 함께 야식을 들자고 부탁했으나 그는 메리 앤이 집에서 기다리고 있으면서 그녀도 야참을 준비하고 있을 것을 알기에 그녀를 실망시키고 싶지 않았다. 다음 날 그녀는 그의 친구에게 자랑스럽게 말했다.

"디지는 곧바로 집에 돌아왔습니다. 나는 파이와 샴페인 한 병을 준비해 두었었습니다. 그는 파이를 반쯤 먹고 샴페인을 전부 마셔버린 뒤 이렇게 말했습니다. '당신은 나에게 아내라기보다 애인이라고 하는 게 훨씬 어울려!' 라고 말입니다."

그녀는 이 때 77세였다.

더비의 통풍 발작이 자주 일어나게 되면서 그 어깨에 짊어진 임무를 거의 해낼 수 없게 되었다. 그는 사퇴를 생각하게 되었다. 디즈레일리는 더비에게 이름만 그대로 놓아두면 실제 일은 전부 자기가 한다는 조건으로 그에게 유임하기를 원했다. 그러나 더비는 여왕에게 편지를 써서 사의를 표명하고 디즈레일리에게 자기 대신 국정을 맡기도록 건의하며 자신도 사퇴 후에 그 명성과 힘을 전부 디즈레일리를 지지하는데 바칠 용의가 있다고 대답했다.

"이 일을 알려드리는 동시에 이제까지 오랜 기간에 걸친 당신의 진심으로부터의 성실한 협력에 감사한 마음을 표명하지 않을 수 없다."

더비가 은퇴하면 여왕이 자기를 부르시리라는 것을 이때 알고 있었던만큼, 디즈레일리가 그의 상사에게 유임하기를 권유한 것은 훌륭한 태도였다. 여왕 자신이 후임으로 그를 생각하고 있음을 말씀하셨으니까. 수상이 사임을 결정한 날, 디즈레일리는 오스본으로 여왕에게 알현하러 오라는 전갈을 받았다. 자기의 마력을 조금은 믿고 있던 마술사는 사자로 온 그레이 장군이 와이콤에서 자기의 라이벌이며 선거전에서 승리를 손에 넣은 저 말더듬이 사나이 그레이 대령 바로 그 사람임을 적어두는 것을 잊지 않았다. 최초의 축하 편지는 더비 경으로부터의 것이었다.

"당신은 정치계의 최상단을 성실하고도 공명하게 획득했다. 그 위치를 오래동안 확보하기를."

이리하여 다음 날 그는 오스본에서 여왕을 알현하였다. 여왕은 웃는 얼굴로 그에게 손을 내밀고 이렇게 말했다.

"이 손에 키스하라."

그는 한쪽 무릎을 꿇고 깊은 신앙의 표시로 여왕의 작고 보드라운 손에 키스했다. 그는 정말 행복했다. 밖에 나오니 태양은 밝게 빛나고 있었다. 결국 인생은 살 만한 가치가 있는 것이었다.

한 달 후, 수상의 아내 메리 앤은 외무성에서 성대한 리셉션을 개최했다. 스탠리 경이 하룻밤 그의 살롱을 빌려 주었다. 그 날은 지독한 날씨였다. 비바람이 섞인 태풍이 런던을 휘몰아치고 있었다. 그럼에도 불구하고 모두 와 주었다. 보수당 사람들은 전부, 그리고 자유당에서도 글래드스턴을 위시해서 많은 친구가 왔다. 디지는 영광에 넘쳐서 프린세스 오브 웨일즈를 이쪽 저쪽 살롱으로 안내했다. 디지 부인은 프린스에게 팔을 부축받고 있었으나 무척 노쇠하여 앓고 있는 것처럼 보였다. 한 달 전부터 그녀는 암에 걸린 사실을 알고 있었으나 남편에게는 알리려고 하지 않았다. 이 영광과 쇠락의 미묘한 섞임은 승리의 밤에 일말의 우수를 더해주고 있었다. 그토록 격렬하게 싸운 뒤여서 이 부부도 사람들의 호감을 사게 된 것이다. 모두가 받아들여 주었다. 수상 부인의 이야기를 할 때는 런던의 어느 살롱에서나 '메리 앤'이라고만 했다. 디즈레일리 자신도 자기가 여태까지 올라온 여정이 놀라운 곡예와 같은 인상을 준다는 것을 알고 있었다. "그렇다" 하고 그는 축복해 주는 사람들에게 대답했다.

"나는 이 흔들리는 돛 꼭대기까지 기어올라왔다."

친구인 필립 로즈 경은 그에게 이렇게 말했다.

"당신 누님이 아직 살아서 이 승리를 볼 수가 있었다면 얼마나 기뻐했을까!"

그러자 그는 대답했다.

"불쌍한 사라! 그렇지, 지금 나를 보아 줄 사람은 다 없어져버렸어……"

제3부

들어라! 바람은 일어 거칠게 나뭇잎을 흔든다.
우리들의 여름밤은 끝나고 어느덧 10월의 저녁을 맞는다!
너도밤나무의 거목은 휘어져서 잠수부처럼
나신을 드러낸다.
불 옆으로 돌아와 바다를 잊을 때가 왔다.
바다에는 청춘의 배가 바람을 안고 달리고
가는 곳에는 수많은 모험이 기다리지만
늙은 그만은 뒤에 남겨진다.
　　　　　　　　　— 하버드 울프 — (1886~1940. 영국의 시인)

여 왕

 새 재무장관이 선출되었다. 수상은 그 일을 여왕에게 이렇게 보고했다.
 "워드 헌트의 외관은 보통 사람과 다르지만 불쾌한 사람은 아님을 폐하에게 알려드리는 것은 바로 저, 디즈레일리의 의무입니다. 헌트의 키는 6척이 넘지만 그다지 크게 보이지는 않습니다. 몸집도 마찬가지로 크기 때문입니다. 로마의 성 베드로 성당과 마찬가지로 얼핏 보아서는 그 실질적인 크기는 아무도 모릅니다. 그리고 그는 코끼리 같은 외형과 함께 그 총명함도 아울러 가지고 있습니다."
 군주에 대해서 쓰는 것치고는 놀랄만큼 가벼운 말투였으나 여왕은 오히려 매우 기뻐했다.
 그 생애를 통하여 볼 때 여러 사람의 남자를 격분시킨 디즈레일리였으나 여성은 그에게 관대했다. 추상적 이론에 대한 혐오, 시대에 뒤떨어진 예의바름, 유난히 화려한 말솜씨 속에 어렴풋이 느껴지는 시니즘의 여운, 그에게 있어서는 모든 것이 여성들의 구미에 맞도록 되어 있었다. 여성은 그에게서 육욕적인 연애감정이 아닌, 우월감과 겸손이 섞인 부드러운 마음씨, 정답고 미묘한 우애감을 불러일으킨다. 그는 여성의 무지와 단순함을 좋아했다. 《비비안 그레이》를 위해 출판사를 알선해 준 오스틴 부인도 여성이었다. 그를 사교계에 진출시켜 준 사람 역시 쉐리단 자매, 그리고 레이디 코크, 레이디 런던데리 등의 여성이었다. 그에게 의석을 얻게 해 준 메리 앤도 여성이었다. 추억의 모퉁이마다 그의 혐오와 불안을 걱정해서 도움의 손길을 뻗쳐 준 이러한 얼굴들이 하나하나 떠올랐다. 이렇게 해서 그는 명예의 최상단에서 자기를 기다리는 흰 비단 보닛을 쓴 이 엄숙한 과부를 친근한 눈으로 바라보게 된 것이다.

여왕은 열애하던 남편의 죽음 이후 고독과 위대함을 지키고 있었다. 앨버트의 의지와 습관을 모두 존중하는 맹세를 하고 있었다. 상중(喪中)의 베일을 쓰고 이 성관에서 저 성관으로, 윈저에서 오스본으로, 오스본에서 발모럴로 거처를 옮겼다. 세상 사람들은 이러한 여왕의 은둔을 불평하게 되고 여왕 스스로도 평이 나쁘다는 것을 느끼고 고민하고 있었다. 아무도 그녀를 이해해 주지 않고 아무도 앨버트를 이해해 주지 않았다. ……디즈레일리를 빼놓고는 누구 한 사람도……. 이것은 놀라운 일이었다. 왜냐하면 저 불쌍한 로버트 경의 실각 때 남편과 그녀 자신이 디즈레일리에게 대해서 느낀 불신을 그녀는 기억하고 있었으므로. 그 당시 앨버트는 디즈레일리라는 인물에게는 신사다운 곳이라곤 조금도 없다고 말했던 것이다. 그러나 죽음이 가까울 무렵에는 공(公)도

야당의 수령과 이야기를 주고받는 일에 주저하면서도 기쁨을 느끼게 되었다. 공은 그가 교양이 풍부하고 영국의 역사에 대해서는 어느 정치가보다도 지식이 넓고 왕권에 대한 그의 태도는 나무랄 데가 없음을 인정했다.

그러나 디즈레일리라는 인물을 분명히 알게 된 것은 앨버트의 죽음을 당해서였다. 그때 여왕에게 그만큼 아름다운 편지를 쓴 사람은 없기 때문이었다. 중의원에서 공에 대해 그처럼 훌륭하게 얘기한 자도 없었다. 공을 진정으로 평가해 준 인간은 그 하나뿐이라고 여왕에게는 생각되었을 정도였다. 흰 모로코 가죽으로 장정된 앨버트 추도 연설집이 답례로서 그에게 보내져 왔는데 거기엔 이렇게 적혀 있었다.

여왕은 위대하고도 경애의 표적이었던 그 남편에 대해서 디즈레일리씨가 표명한 찬사에 깊은 감사의 마음을 개인적으로 표명하지 않을 수 없습니다. 그것을 읽고 여왕께서는 크게 슬퍼하셨습니다만 고인의 티없는 성격에 대한 이만큼 정확한 평가는 여왕의 아픈 마음을 크게 위로해 주었습니다.

앨버트의 그림자는 그에게 유리하게 작용한 셈이지만 여왕과 수상 사이에는 추억 이외의 인연이 있었다. 얼핏 보기에 매우 다른 그들의 정신 사이에는 미묘한 유사점이 있었다. 두 사람 다, 즉 뚱뚱하고 의지가 강한 작은 몸집의 여성과 흐르는 세월에 허리가 구부러진 수상과는 저 북쪽 끝의 섬에서 지배하고 있는, 동방에까지 퍼져나간 대제국을 함께 소박한 긍지를 가지고 보고 있었다. 특히 두 사람에게는 진부한 점이 전혀 없었다. 여왕의 버릇에는 우습게 생각되는 것이 있었으며 디즈레일리에게도 많은 어색한 버릇이 있었다. 그러나 어느 쪽도 용기와 위대함을 가지고 있었다. 그녀는 군주로서의 즐거움을 그를 통해서 더욱 더 잘 맛볼 수 있었다. 그에게는 그녀를 인생의 장려한 행렬의 선두에 서게 하는 것이 무척 행복한 것 같았다. 그로부터 자기 왕국의 이야기를 들으면 그녀는 자기가 전능하다고 느꼈으며 정치를 모험소설처럼 생각하여 각의(閣議)의 상황을 소설 속의 장면처럼 묘사해 주는 이 수상과 함께 있으면 국사(國事)도 앨버트 공이 살아 있던 당시와 같은 매력을 되찾았다. 한편 디즈레일리는 그녀가 기뻐해 주는 것을 알고 비아냥인 듯하지만 나무랄데없는 편지를 그녀에게 쓰는 것이 즐거움이었다. 그녀에게는 그것이 매번 이해되었던 것일까? 그렇다. 가까운 사람들이 생각하기보다 훨씬 잘 그녀는 이해했다. 교묘한 요술의 기분전환을 맛보고 난 뒤 무엇이든 꿰뚫어보는 날카로운 감각으로 그녀는 이 마술사를 바람직한 행동 쪽으로 어김없이 데리고 온다.

수상은 아일랜드의 소란을 가라앉히기 위해 웨일즈 공이 그 곳으로 여행하시기를 바란다고 이렇게 썼다.

2세기 전부터 국왕이 아일랜드에서 보내신 날이 21일밖에 안 됨을 디즈레일리는 지적하는 바입니다. 전하께서 사냥하러 가시는 것은 나쁘다고는 할 수 없을 것입니다. 이로 인해 공적인 임무의 수행과 쾌적한 소한(消閑)이 아주 잘 결부될 것이오며 이 결부는 남들이 알고 있듯이 황족의 생활에 어울리는 것입니다.

여왕은 찬성한다.

그러나 이 행차의 비용은 당연히 이를 여왕에게 강요하는 정부가 부담해야 할 것입니다. 건강 또는 휴양을 위해 아일랜드에서 체류하려고 하는 사람은 아무도 없을 테니까요.

수상은 가끔 저항했다. 후에 그가 여왕의 호감을 산 이유를 사람들이 물었을 때 그는 이렇게 대답했다.
"나는 절대로 거절하지 않았고 절대로 반대하지도 않았다. 잊어버린 적은 가끔 있다."
경구를 내뱉는 기쁨을 위한 부정이다. 그는 종종 반대했다. 캔터베리 대주교가 사망하고 여왕이 그 후임으로서 런던의 주교인 테이트를 끈덕지게 추천했을 때 디즈레일리는 중대한 이의를 제기했다.
"런던 주교에게는 다음과 같은 점이 보입니다. 보기에는 엄격하고 총명한 사람 같지만 그 특이한 성격에는 기묘한 열광성이 감추어져 있으며 이 성질은 캔터베리 대주교이건 영국 수상이건 절대로 가져서는 안 되는 것입니다……."
여왕은 그래도 고집했다. 그녀는 테이트 주교에게는 열광성 따위가 전혀 없다는 것을 알고 있었던 것이다. 그러나 영국 수상에 대해서도 같은 이야기를 그녀는 할 수 있었을까?
어느 날 윈저로부터 메리 앤에게 크리스첸 공주의 편지를 곁들인 싱싱한 프림로즈(앵초) 상자 하나가 왔다.

디즈레일리씨를 위해 이 꽃을 보내드리라는 어머님의 분부이십니다. 5월이라는 달과 봄의 매력적인 화초를 퍽 좋아하신다는 말씀을 들으셨으므로 손수 이 꽃을 보내시는 겁니다. 방이 이 꽃으로 화려해지겠지요.

이에 대한 메리 앤의 답장은 분명히 디지가 만들어 준 것이었다.

폐하의 하명을 따른다는 기쁜 의무를 다하였습니다. 디즈레일리는 꽃을 매우 좋아하며 이 꽃의 화려함과 방향은 그에게 봄의 보물을 보내주신 친절하신 옥수(玉手)로 인해 더욱 더 높아졌습니다.

수상은 자기가 쓴 소설을 전부 여왕에게 보냈다. 여왕은 자신의 《스코틀랜드 일기》를 수상에게 주었다. "폐하 우리 작가들은……" 하고 그후 수상은 종종 말했으며 여왕의 근엄한 작은 입술도 웃음을 머금는 것이었다. 이끼로 메운 상자에 든 원저의 프림로즈나 오스본의 제비꽃이 매주 글로브 나게이트에 배달되었다. 이렇게 해서 공식 편지들을 전원적인 시정(詩情)과 현실적인 정치와의 기묘한 혼합형태가 되었다.

메리 앤의 죽음

글래드스턴은 이미 60세가 되었으나 상식을 넘은 건강한 체질은 아직 거인적인 활동을 요구했다. 하워덴의 시골에서 선거 결과를 기다리는 동안 그는 하루에 33마일이나 걷는 일이 종종 있었으나 저녁 때 돌아와서도 또 활동을 계속했다. 나무를 자르는 일은 더욱 자주 했다. 그것은 그가 무척 즐기는 낙이었다. 예로부터의 악폐에 대항하듯 그는 훌륭한 나무 줄기를 집요하게 공격했다.

1868년 12월 1일, 그가 와이셔츠만 입은 채 나무꾼처럼 도끼질을 하고 있는데 집배원이 찾아와서 전보를 건네주었다. 그레이 장군이 방문하리라는 것을 여왕으로부터 알려왔던 것이다. 글래드스턴씨는 "의미심장하군……"이라고 곁에 있는 사람에게 말하고 다시 작업을 계속했다. 몇 분 후 도끼질하던 손을 멈추고 엄숙하게 그는 말했다.

"아일랜드를 진압시키는 것은 나의 사명이다."

그는 일기에다 이렇게 썼다.

전능하신 신은 나를 부축해 주시고 무언가 위대한 계획을 위해 나를 위로해 주시는 모양이다. 내가 그런 계획에 전혀 적합하지 않다는 것을 나는 알고 있지만 신의 이름에 영광 있기를!

이렇게 신성한 힘에게 부축받고 중의원에서는 대다수에게 지지를 받으며 운동선수와 같은 신체와 강철 같은 정신을 가지고 있음을 자각하고 있는 그는 자기를 무적이라고 느끼고 있었다. 그의 단호한 도끼 아래 숲 속의 해묵은 떡갈나무는 몇 그루 쓰러지겠지만 빈 땅에 돋아나는 작은 식물들은 오히려 좀더 자유롭게 바람과 햇볕을 쐬겠지.

하워덴, 1월 13일. 아일랜드 교회에 대한 조치의 초안을 준비. 호메로스를 공부하라. 보리수를 한 그루 베어버리다. ──1월 15일. 물푸레나무 한 그루 베어버리다. 아일랜드 교회에 관해 회합하다. 밤, 호메로스를 공부하다.

하루가 바다처럼 거친 날이었다고 쓴 적도 가끔 있었다. 그런데 디즈레일리 쪽은 통풍과 천식으로 괴로워하고 휴엔덴의 테라스에서 햇볕을 쬐면서 새나 꽃을 바라보며 새로운 소설을 구상하고 있었다.
선거 결과 자기가 패배했다는 것을 알았을 때 그는 우선 정치계에서 은퇴할까 하고 생각했다. 그런 경우에는 작위를 받고 귀족원〔上院〕으로 명예로운 은퇴를 하는 게 상례였다. 그러나 생각해 본 결과는 패배한 당을 버리고 중의원이라는 싸움터를 떠난다는 것은 그의 마음에 들지 않았다. 여왕이 그의 충성에 보답하려고 했을 때 그는 자기는 디즈레일리씨로 그냥 있어도 좋으니까 메리 앤을 귀족에 올려달라고 원했다. 여왕이 이 청을 기꺼이 승낙하였으므로 그는 아내를 위해 버크 주의 작은 고을 비콘즈필드의 이름을 택했다. 저 위대한 버크(1728~1797. 영국의 웅변가)가 만약 더 오래 살았더라면 비콘즈필드 경이 되고 싶어했으리라는 것을 그는 알고 있었던 것이다. 그 자신도 예전에 《비비안 그레이》에서 이 이름을 가진 귀족을 창조했다. 그는 자기 소설을 현실화시키는 것을 좋아했다. 메리 앤은 비콘즈필드의 자작이 되었으나 디즈레일리는 여전히 그냥 디즈레일리였다.

그의 자유자재한 정신은 또다시 그의 행동을 창조행위로 향하게 하여 그는 소설을 쓰기 시작했다. 《로테일》이라는 작품이었다.

로테일이란 젊은 귀족에게 버림받은 영국인이며 디즈레일리 적, 말하자면 무한한 재산의 상속자였으나 3명의 여성으로 상징되는 3개의 힘이 그의 마음을 잡으려고 다투고 있었다. 3개의 힘이란 로마 교회, 국제적 혁명 및 영국의 전통이다. 물론 개가를 올린 것은 영국 교회의 선수 레이디 콜리잰드였다. 위험한 주제였으나 작품은 훌륭했다. 로마의 성직자·혁명가·영국 정치가의 갖가지 타입이 놀라운 정확성으로 묘사되고 있었다. 이 책의 성공은 대단한 것이었다. 전(前) 수상이 쓴 소설이 영국의 서점에서 팔린 일은 여태까지 없던 일이었다. 바야흐로 어느 살롱엘 가도 《로테일》의 이야기로 한창이었다. 말에도, 배에도, 아이에게도, 향수에도 로테일이라든가 콜리잰드라는 이름이 붙여졌다. 로테일 열은 미국에까지 미쳤다. 다만 의회만은 이에 반감을 가졌다. 보수당은, 소설가이고 재주꾼인 인간을 지도자로 삼고 있다는 사실을 매우 부끄러워했다.

그 즈음 메리 앤은 무거운 병에 걸려 있었다. 1866년 이래 그녀는 위암을 앓고 있었다. 그녀는 자신도 그것을 알고 있었으나 디즈레일리에게는 숨기고 있었다. 그도 그녀는 모르고 있다고 믿고 병에 대한 이야기는 될 수 있는대로 가볍게 이야기하려고 했다. 그녀는 용감하게도 사교계의 생활을 계속했다. 1872년에 프랑스의 젊은 대리대사(代理大使)는 어느 살롱에서 중국의 머리 흔드는 인형과 같은 옷을 입은 이상한 인물을 보고 늙은 인도의 임금이라고 생각했다. 그것이 메리 앤이었다. 그 뒤에는 디지가 얼굴에 분장을 하고 얼마 남지 않은 곱슬머리에 검게 물을 들여 벗겨진 이마 위로 빗어넘기고 음산하게 버티고 있었다. 메리 앤은 마치 커다란 훈장이라도 달고 있는 것처럼 남편의 초상을 넣은 거대한 메달을 가슴에 달고 있었다. 그녀는 80세, 그는 68세였다. 두 사람은 우스운 꼴이었으나 사람들을 눈물겹게 했다.

그들은 서로의 바라지를 해주는 것이 어렵게 되었다. 두 사람 다 병이 나서 방에서 방으로 편지 왕래를 할 때도 종종 있었다.

디지로부터 디지 부인에게

똑바로 누워 있으므로 연필로 쓰는 것을 용서하시오. 요전에 준 편지는 내가 여태까지 받은 것 중에서 가장 재미있고 가장 매력적인 것이었소. 당신은 호레이스 월풀(1717~1797. 정치가·작가·방대한 서간집이 있다)이나 세비니에 부인(1626 ~ 1696. 프랑스의 서간문학자)보다도 훌륭했소. 글로브나게이트도 병원처럼 되어버리고 말았지만 병원이라도 당신과 함께라면 다른 여성과 같이 왕궁에 있는 것보다 훨씬 더 좋다오.

그녀는 친구들에게 말했다.
"그의 친절 덕분에 나의 생애는 내내 행복했습니다."
그도 이에 부응해서 말했다.
"우리는 결혼한 지 30년이나 되지만 그동안 그녀와 같이 있어서 지루한 적이 한 번도 없었다."
메리 앤은 이미 음식을 거의 먹을 수 없게 되었다. 어느 날 밤 친구 집에서 격심한 고통의 발작이 일어나 도저히 그것을 숨길 수가 없었다. 그후 그녀는 외출을 그만 두었다. 그래서 남편은 그녀를 혼자 남겨놓지 않을 수 없는 사태가 가끔 생겼으나 그런 때는 아무리 잠깐이라도 그는 그녀에게 반드시 여러 차례나 단신을 보냈다.

디지로부터 디지 부인에게
별 것도 아닌 일 같지만 내가 말하고 싶은 것은 다만 당신을 사랑하고 있다는 것뿐입니다.

디지로부터 디지 부인에게
나의 사랑하는 사람, 당신이 없으면 나는 못견디게 적적합니다. 당신의 변함없는 다정함과 친절을 진심으로 고맙게 생각하고 있습니다.

그녀는 도저히 여행할 수 없다고 생각되었으므로 그들은 런던에서 함께 여름을 보냈다. 마차를 타고 생소한 구역을 돌아보기도 하고 자기네 집 창밑으로 펼쳐져 있는 공원이 하이드파크라는 것을 잊어버리고도 했다. 그러다가 병이 점점 중해지자 그녀는 휴엔덴이 몸에 좋겠다고 억지로 생각해 보기도 했다. 그러나 아무것도 병을 낫게 할 수는 없었다. 위장은 어떤 음식도 받아들이지 않았다. 이미 문자 그대로 굶어서 죽어가고 있었으나 그래도 아직 기꺼이 친구의 방문을 받고 늙은 조랑말이 끄는 작은 마차를 타고 친구들 사이를 돌아다녔다. 그녀가 일분이라도 방을 떠나면 디즈레일리는 아내의 고통에 대해 사람들에게 이야기했다. 그를 방문하는 사람은 이제까지는 무감각한 표정밖에 보인 적이 없던 그의 얼굴이 감정의 고조로 인해 떨리고 있는 것을 처음으로 보았다. 이미 회복의 가망이 없다는 것이 명백해졌을 때 그는 혼자서는 도저히 파국(破局)을 견딜 수 없다고 생각하고 몬타규 콜리에게 전보를 쳐서 와달라고 부탁했다. 그녀는 1872년 12월 15일에 죽었다. 그 서류 속에서는 다음과 같은 편지가 발견되었다.

나의 사랑하는 당신, 당신보다 먼저 내가 이 세상을 떠나게 되거든 우리가 같은 무덤에 묻히게 해 주세요…… 이젠 하나님의 축복이 나의 친절하고 소중한 당신 위에 있기를 빌 뿐이에요…… 당신은 내게 있어 손톱만큼도 나무랄데없는 남편이었어요. 안녕 사랑하는 디지, 홀아비 생활을 하지 마세요. 가장 사랑하는 사람, 당신에게 헌신하고 있던 메리 앤과 똑같이 당신에게 충실할 사람을 만날 수 있도록 진심으로 원하고 있습니다.

아무리 냉담한 사람이라도 아무리 완고한 사람이라도 참된 고뇌의 인간적인 존귀함을 반드시 느끼는 법이다. 모두가 그에게 깊은 동정을 보였다. 글래드스턴은 정치적인 증오심을 완전히 잊어버리고 정성어린 편지를 써서 보냈다.

분명히 우리는 같은 해에 결혼했다고 생각합니다. 그리고 3분의 1세기 동안 더할나위없는 행복을 누리도록 허용받아왔습니다. 나는 당신이 받으신 그런 타격을 받고 있지는 않습니다만 그것이 어떤 것일 거라는 것, 사실 어떤 것인가를 이해할 수 있을 것 같습니다……

이어서 그는 이 시련을 당하여 자기도 당신을 위해, 당신과 함께 괴로워하고 있다고 분명히 쓰고 있다. 그는 본심에서 그렇게 말한 것이며 아마 이 순간에는 두 적수가 상대방의 눈에 있는 그대로의 모습으로 비치고 있었다. 왜곡된 감정으로 비치고 있지는 않았을 것이다. 마치 광인에게도 이완의 시간이 있어 환상이 소멸되는 것과 비슷한 이치이다. 그러고는 다시 선이 꼬이고 어지러운 모습으로 보이고 간호사가 괴물처럼 생각하게 되는 것이다.

메리 앤은 생전에 남자의 정신을 피로하게 하는 하찮은 걱정거리를 디지에게 조금도 시키지 않는 것을 자랑으로 삼고 있었다. 확실히 그랬다. 그가 결혼한 이후 집도 하인도 그에게 있어서는 완벽한 기계와 같은 것이어서 조금도 거기에 신경을 쓸 필요가 없었다.

"어떤 걱정거리라도 그녀는 덜어 주었으며 어떤 곤란함과도 정면으로 맞서 주었다. 그녀는 내가 이제까지 알고 있던 것 중에서 가장 다부지고 가장 위로를 주는 여성이었다."

죽은 메리 앤은 이제 그 남편을 지켜 줄 수가 없었다. 그녀가 소유하고 있던 것은 종신재산이었으므로 집까지도 상속인의 손으로 넘어가고 디지는 호텔로 옮겨서 살지 않으면 안 되었다. 33년을 행복하게 지낸 글로브나게이트를 떠나는 것은 다시 한번 메리 앤과 이별하는 것이었다. 그것은 몇날 며칠 밤을 늦게 중의원에서 돌아오는 그를 그녀가 기다리던 집이었고 고달픈 회의를 끝내고 그가 돌아올 때 언제나 휘황하게 빛나는 불빛이 멀리서부터 안개 속으로 보이던 집이었다. 그것이야말로 가정이라는 것, 정신도 육체도 느긋이 쉬고 비평도 찬사가 되고 비난도 애무로 변하는 따뜻한 장소였다. 아마 그는 이제 두 번 다시 참된 휴식의 자리인 아늑함을 맛보지 못할 것이다. 보잘것없는 가구, 음산한 식사, 낯선 이웃으로 형성되어 있는 호텔의 고독이라는 최악의 것, 그것이 이제부터의 그의 런던 생활이 된다. 마부에게 "집으로"라고 말하다가 갑자기 이제 자기에게는 '집'이 없다는 것을 상기하고 그는 눈물이 고였다. 아들처럼 보살펴 주는 비서인 몬타규 콜리나 그를 환영해 주는 매너즈 로스차일드와 같은 친구들이 없었다면 그는 표류물과도 같았으리라. 그러나 우정이란 아무리 자상한 것이라 할지라도 여성의 다정한 사랑을 대신할 수는 없다. 호텔의 조용한 방에서 그는 즐거운 소리를 울리며 달아나는 추억을 좇을 뿐이었다.

그의 정치적인 친구는 이번의 불행을 구실로 그가 완전히 은퇴해버리지는 않을까 하고 걱정했다. 그러나 결과는 반대였다. 슬픈 일에만 마음이 쏠리는 것을 어쩔 수가 없어서 그는 활동을 찾고 생각하지 않기 위해 다시 싸움을 시작했다.

1873년부터 이미 내각의 붕괴가 멀지 않다는 것이 눈에 보였다. 지방선거의 결과는 모두 보수당에게 유리했다. 디즈레일리는 세심하게 싸울 준비를 했다. 각 선거구의 보수당 후보자는 오래 전부터 지명되어 있었다. 화이트홀(런던의 모든 관청이 있는 거리)에는 보수당의 중앙사무소가 설치되고 상임 사무소장과 참모부가 이미 후보자가 결정된 선거구와 앞으로 결정할 선거구와의 리스트를 계속 알리고 있었다. 고을마다 보수파 모임을 만들고 사회의 모든 계급의 대표를 여기 참가시켜야 했다. 특히 노동자의 협력이 요구되었다. 이것이 모든 곳에서 실현되도록 디즈레일리가 손수 지휘를 했다. 그러나 그는 당원들의 조급한 마음을 누르고 글래드스턴이 또 새로운 실패를 하여 맥이 빠질 때까지 정권을 뺏으려고는 하지 않았다. 강력한 다수에 의해 지지받지 못하는 내각은 힘이 없다는 것을 그는 경험에 의해 너무나도 잘 알고 있었다. 게다가 모든 징후가 적의 최후를 고하고 있었다. 맨체스터에서의 강연에서 그는 단말마의 내각의 최후를 이렇게 묘사했다.

"이 이상한 흥분은 그 정점에 달한 후에 쇠잔이라는 증세로 마지막을 고했습니다. 우수 속에 도피처를 찾는 사람도 있었으며 그들의 고명하신 수령은 위협과 탄식을 번갈아 되풀이했습니다. 그들의 맞은편 자리에 앉아 있던 나는 각료들을 보면서 남미 해안에서 가끔 볼 수 있는 저 해저(海底)의 풍경이 생각났습니다. 줄지어 있는 사화산이 보여도 그 회색 산정에는 불길 하나 피어오르지 않습니다. 그러나 아직 위험한 상황 아래 있습니다. 대지는 약간 흔들리고 때때로 바다가 둔한 신음소리를 내기도 합니다."

만년(晩年)의 사랑

 정치적으로는 성공이 계속되었으나 메리 앤이 죽은 뒤에 맞이한 겨울은 무척 쓸쓸한 것이었다. 이 세상에서 가장 사랑했던 것을 잃었다는 것뿐이 아니고 이제는 채워지지 않는 커다란 다정함에 대한 욕구라는 것이 있었기 때문이다. 메리 앤에 대해서는 이 스핑크스도 내향적이라는 비밀을 털어놓았다. 이 내향성은 어린 시절, 학우들의 박해에서 생겨나고 다음에는 동료의 적의 속에서(겉보기에는 대담하였지만) 자랐으며, 장년기가 되자 다시없는 우정들로 인해 잠잠해지고 마침내는 권력에 의해 고쳐진 것이지만 이것이 그의 성격을 형성하고 그의 모든 요소에 침투되어 있었다. 특히 내향적이기 때문에 그는 사람들과 어울려도 정말로 즐겁다고 느낀 적이 한 번도 없었다. 자기가 그들과 대등하다고 생각하기 위해서는 그들의 지도자가 되어야 했다. 홀아비 신세가 되면 대부분의 영국인이라면 누구나 다 클럽에 처박혀서 날을 보내게 될 것이다. 그는 그러한 일이 제일 싫었다.

"인생에는 싫은 일이 많다"
라고 그는 말했다.
"그 중에서도 가장 싫은 것은 남자들끼리의 만찬이다."
그는 예전에 메리 앤에게 "내게는 나의 인생이 끊임없는 사랑이어야 할 필요가 있습니다"라고 썼다. 그의 나이는 그 당시의 배나 되었으나 이 욕구는 아직도 그대로였다. "완전한 고독이든가 아니면 완전한 동감이 내게는 필요합니다." 라고 그는 지금은 쓴다. 상처입은 사나이의 요구인 것이다.

몇 개월 동안 그는 몇몇의 아주 친한 친구 집 외에는 방문하지 않았고 휴회기에는 휴엔덴에서 지냈다. 거기서 아내의 서류를 정리하고 한두 마디 갈겨 쓴 종이쪽지라도 발견하면 가슴이 아파 눈물을 흘렸다. 그러한 자신이 너무도 외톨박이처럼 생각되어 조금 다정한 편지라도 있으면 고도에 혼자 남겨진 난파자가 배의 돛이라도 본 듯한 기분이었다. 이러한 편지의 발신자인 여성들은 모두 죽어버리고 그녀들과 함께 즐기고 재미있던 갖가지 작은 사건도 이제는 사라져버리고 말았다. 그런 일도 둘이서 함께 했기 때문에 더욱 가치가 있었으며, 그 덕택으로 인생이라는 긴 여로도 견딜 수 있었던 것인데. 그러나 봄이 돌아왔을 때 우연히 그는 청년시절의 2명의 여자친구, 레이디 체스터필드와 레이디 브래드포드의 두 자매와 재회했다. 체스터필드 백작 부인 안느는 75세가 되어 있었다. 그리고 브래드포드 백작 부인 셀리나는 50세였다. 둘이 다 할머니가 되어 있었다. 디즈레일리는 그녀들 바로 근처에 살았던(그녀들은 브레이드남 근처에 살고 있었다) 어린 시절의 이야기와 그 화려한 가장무도회에서 레이디 체스터필드는 술탄의 왕비로, 그 동생인 아름다운 앤슨 부인은 머리를 풀어헤친 그리스의 여자 노예로, 그리고 레이디 런던데리는 루비를 잔뜩 달고 클레오파트라로 가장했던 일을 상기시켰다. 앤슨 부인은 죽고 퍼니 런던데리도 죽어버렸으나 레이디 체스터필드와 레이디 브래드포드는 아직 충분히 매력을 지니고 있었다. 그녀들과의 재회는 반가운 일이었다. 서로 편지를 주고받거나 만나자는 약속을 했다. 여름이 되자 디즈레일리는 두 자매 중의 한 쪽에게서 며칠 묵으러 오라는 초대를 받았고 이어 또 한 사람에게서도 초대를 받았다. 다음 해 겨울, 그의 생활은 다만 '내가 이 세상에서 가장 사랑하고 있는 두 사람과의 감미로운 교제'를 위해서만 보냈다.

그녀들은 매우 달랐다. 훨씬 연상인 레이디 체스터필드는 중후하고 부드러웠다. 레이디 브래드포드는 좀더 요염했다. 레이디 체스터필드는 디즈레일리의 소설을 전부 읽고 있었다. 레이디 브래드포드는 읽기 시작하자 하품을 하고 인물을 모두 혼동해버리는 것이었다. 레이디 체스터필드는 항상 기분이 변함없는 최고의 친구였다. 레이디 브래드포드는 변덕스러워 믿음성이 없었으나 디즈레일리는 그녀가 더 좋았다. 디즈레일리는 양쪽에 매우 부드럽고 다정한 투로 편지를 썼다. 75세의 과부인 레이디 체스터필드는 이것을 읽고 미소지었다. 나무랄데없는 남편을 갖고 결혼시켜야 할 딸까지 있는 레이디 브래드포드는 이에 항의하여, 이렇게 열렬한 투로 계속 보낸다면 서신왕래를 중지하겠다고 몇 번이나 위협했다. 설사 며칠 동안이라도 사랑하는 사람들로부터 떨어져 있다는 것은 아직까지도 디즈레일리에게는 도저히 견딜 수 없는 일이었다. 두 자매와 항상 교제할 수 있도록 하려는 그는 레이디 체스터필드에게 결혼신청을 했다. 그녀는 거절했는데, 그것은 첫째 나이가 많아서 결혼이란 정말 우습다고 생각한 때문이기도 하지만 그보다도 디즈레일리가 동생을 사랑하고 있었기 때문이다. 그녀는 진정한 상담역이 되었다.

야당 지도자는 매일 틈만 있으면 자매의 어느 쪽엔가에 다정한 편지를 썼다.

오늘 오후처럼 가장 매력적인 여성이 멋있던 적은 없습니다. 우아하기 그지없는 그 사람의 몸짓을 바라보고 그 화려한 말씨를 들으면서 내내 앉아 있을 수도 있었겠지만 슬프게도 때때로 무서운 생각이 내 마음을 스치고 지나는 것이었습니다 —— 이 방문이 마지막 방문이 된다…… 언제나 이렇게 헤어져야 하는 것은 언제까지나 변할 수 없는 일일까요? 나이를 먹으려고 하지 않는 마음을 가지고 있는 것처럼 불행한 일은 없습니다. 그것은 진심입니다.

권력을 잡고 일 때문에 밤낮이 없는 노인이 되고 대제국의 운명을 짊어지게 되었어도 그는 자기가 예전의 젊은이와 다름이 없는 것처럼 느끼고 있었다. 어쩌면 노인 쪽이 더 로맨틱했는지도 모른다. 젊은이에게 있어서는 야심이 사랑과 싸워서 개가를 올리는 수가 종종 있었다. '나는 오래 산 덕분에 사랑의 황혼이 그 장려함과 풍요함을 가지고 있음을 알았다. 아마 노인에게는 행복에 대한 더더욱 강렬한 갈망도 있는 것이겠지.' 자기가 아직 어떤 사람을 원할 수가 있고 한 여성의 생활을 바라보며 다시없는 희열을 느낄 수 있는 사실에 놀라면서 그는 그녀 곁에서 보낸 나날의 아름다움과 앞으로 남겨진 그러한 나날이 얼마 되지 않음을 동시에 생각하며 도저히 그 여자친구와 헤어져서 살 수는 없었다.

당신과 만나는 것, 적어도 당신의 편지를 매일 받는 일이 내가 살아가기 위해서는 절대로 필요합니다……당신을 사교계에서 만나는 것과 당신과 단둘이 만나는 것과는 다른 독특한 즐거움입니다. 말하자면 달빛과 햇빛처럼 어느 쪽도 매력 있는 일입니다.

그는 될 수 있으면 매일이라도 방문하고 싶어했으나 레이디 브래드포드는 일이 많아서 이것을 제한했다.
"일주일에 세 번이란 너무 적군요!"
가장무도회에서 그는 도미노복을 입고 참가하려고 한 적이 있었다. 셀리나에게 그녀를 즉각 알 수 있도록 무엇이든 표적을 정해달라고 그가 부탁했을 때 그녀는 냉정한 투로 가는 것을 그만두라고 충고했다. 그는 약간 기분이 상해서 레이디 체스터피일드에게 불평을 했다. 그가 낙심하고 있음이 전해졌다. 이번에는 조금 정다운 편지가 그녀에게서 보내왔다. 그는 그 편지에 입맞추었다. 이 늙은 알세스트는 이렇게 해서 이 매력적이고 성숙한 셀리메느와 즐겼다.
그렇다고 해서 메리 앤을 잊어버린 것은 아니었다. 그후의 생애를 통해서 그의 편지지는 연애편지에 이르기까지 검은 테가 둘러져 있었는데 이것이 확실한 증거였다. 훨씬 뒤에

레이디 브래드포드가 가끔 보통 백지에 쓴 편지를 받은 일이 있었는데 그녀는 그것이 기쁘다고 써 보냈다.

며칠 전 백지를 사용한 것을 보시고 당신은 기뻤다고 말씀하셨습니다. 이상한 일입니다. 여왕이 그의 상(喪)을 완고하게 지키시는 것을 보고 나는 여왕께서 병적인 감정에 사로잡혀 계시다고 생각했습니다만 이제 와서 보니 나도 여왕과 다름없이 아마 앞으로도 그럴 것입니다.

그는 휴엔덴의 서류정리를 끝내가고 있었다. 아기자기한 애정의 수많은 추억의 흔적이 발견되었다. 30년 동안, 2주일마다 메리 앤은 남편의 머리를 잘라 주고 언제나 그 자른 머리는 작은 봉지에 넣어서 봉인해 두었다. 그는 그것을 몇백 개나 발견했다. 또한 바루워의 편지와 알프레드 돌세이의 편지, 불쌍한 조지 스미스의 편지, 그런 것들이 전부, 그리고 레이디 브레싱턴의 마지막 편지 등 몇천 통의 편지가 발견되었다. 이제 얼마나 많은 그림자가 저세상에서 그를 기다리고 있는 것일까.

글래드스턴은 드디어 선거를 실시했다. 대중감정이 커다란 변화를 보이고 있었으므로 디즈레일리는 표가 대량으로 이동해서 틀림없이 보수당이 승리할 것이라고 생각하고 있었다. 선거 기간 중, 그는 매일 레이디 브래드포드에게 편지를 썼다. 이윽고 그는 자기 당이 10석을 얻었다고 알릴 수 있었으며 다음에는 20석, 또 다음에는 40석의 획득을, 그리고 다음에는 글래드스턴은 완전한 패배임을 알릴 수가 있었다. 보수당은 다른 당의 의석을 전부 합친 것보다 50석 이상을, 자유당에 대해서는 100석 이상을 더 획득했다. 항상 디즈레일리가 주장해온 대로 민중선거가 보수적일 수 있다는 것이 증명된 것이다. 지금까지 불만이었던 고참당원도 모두 과거의 불신의 마음을 잊어버렸다. 칼턴은 지도자를 부르는 흥분한 사람들의 무리로 가득 차고 해동(解凍)과 함께 사냥개의 무리들이 짖어대면서 그의 주인들을 부르고 있는 것 같았다.

글래드스턴은 의회 소집을 기다리지 않고 사직하기로 결심하고 당의 지위를 떠날 것을 발표했다. 그는 평범한 의원이 되어 이제 또박또박 회의에 나오지 않아도 되는 몸이 되고 싶었던 것이다. 그때 그는 65세였다. 이 세기의 위대한 정치가들이라면 벌써 오래 전에 활동을 그만 두었을 나이였다. 그가 특히 바란 것은 이제는 종교문제에 전념하여 죽음에 대비하는 일이었다. 그는 그 결심을 여왕에게 알렸다. 폐하는 상대에게 실례가 될만큼 기꺼이 승낙하고 디즈레일리를 불러오게 했다. 새 수상의 최초의 일은 사랑하는 셀리나를 위해 여왕 곁에서 중요한 지위를 찾아주는 일이었다.

의회에서 나오다가 디즈레일리는 글래드스턴에게 동정어린 말을 걸었다. 글래드스턴은 그의 태도의 훌륭함을 인정했다. 이 사나이는 지는 법도 이기는 법도 어김없이 알고 있는 것이다. 그러나 글래드스턴은 그를 생각할 때마다 분노의 충동에 휩싸여 노여움이, '아킬레스를 진정시킬 수 없는 분노'가 솟는 것을 느끼는 것이었다.

당 수

당수, 그후부터 디즈레일리는 보수당원 사이에 이렇게 불리게 되었으나 이 말은 커다란 변화의 표시였다. 어떤 사람은 그럭저럭 참아 주고 어떤 사람에게는 그 위신을 의심받고 있던 천재적 모험가, 어떤 때는 애정으로서 어떤 때는 경멸적으로 '디지'라 불리던 존재가 이제 존경의 대상이 된 것이다. 연령에도 힘입은 바가 있었다. 나이가 들었다는 것은 어느 나라에서나 공인에게 있어서는 하나의 장점이지만 영국에서는 특히 더 그러했다. 영국 국민만큼 시간에 의해 여러 가지 사물에 가해지는 아름다움에 민감한 국민은 없다. 그들은 오래된 가죽이나 오래된 목재와 마찬가지로 투쟁으로 연마되고 길들여진 노정치가를 좋아한다. 보수당원은 항상 그들의 당수의 정책을 이해하고 있었다고는 할 수 없지만 그는 여태까지 당이 획득한 가장 놀라운 승리에로 그들을 이끌어 주었다. 즉 그의 마력은 정체를 알 수 없는 것이기는 했지만 강력했던 것이다.

대다수에게 지원받고 노골적으로 기쁨을 보이면서 그의 복귀를 환영해 준 여왕의 지지를 받으면서 그는 이제야말로 평생 바라고 있던 것, 권력을 확실하게 쥐게 된 것이다. 젊은 시절의 상흔의 추억은 사라져버렸다. 전에 그의 고뇌의 하소연 상대였던 레이디 도로시 네빌에게 그는 이렇게 말한다.

"지금은 모든 것이 잘 되어갑니다. 나의 지위는 확고하다고 나는 느끼고 있습니다."

승리의 확신은 일종의 이완을 가져온다. 지금의 그처럼 홀가분하게 행동하는 인간은 그때까지 없었다. 이제야 자기를 있는 그대로 모두가 받아들여 줄 테지. 그는 자신을 드러내 보이게 된다. 가혹한 비난도 빈정거림도 줄어들겠지. 자기의 슬픈 청춘에 대해서 그다지 숨기지 않고 이야기하게 된다. 이미 모든 보상이 끝난 과거를 그는 사람들에게 숨기지 않게 된다. 자기 집의 너도밤나무 숲 사이로 레이디 더비를 안내하여 브레드남을 가리키면서 그는 갑자기 이렇게 말한다.

"나의 가엾은 청춘을 보낸 곳이 여깁니다."

"어째서 '가엾은'이라고 말씀하시죠? 당신은 여기서 행복했을 텐데요."

"그 당시는 그렇지 않았습니다. 나는 거역할 수 없는 야심 때문에 시달리고 있었으나 그것을 만족시킬 수단은 아무것도 가지고 있지 않았죠."

이미 속물근성은 필요도 없었다. 어느 공작이 그를 위압하려고 했을 때 그는 말했다.

"공작 따윈 내가 만드는 거야!"

확실히 그랬다. 아이작 디즈레일리가 "공작에 대해서 벤이 무엇을 알고 있다는 거야?" 하고 묻던 시대는 이미 먼 옛날 일이었다. 여왕도 그가 그 때문에 아침 시간을 방해당하기를 거부하는 소녀에 지나지 않았다. 여왕은 친숙한 존재이며 약간 까다롭지만 그가 좋아하는 오래 전부터의 친구였다. 그렇다. 이번에야말로 확실히 정상에 오른 것이다. 좀더 높이 올라가서 상대를 지배해야지 하는 저 불안한 욕구는 이미 그에게는 없다. 이제는 그가 행복할 것임에 틀림없었다.

그러나 축복해 주는 친구에게 그는 이렇게 대답하고 있다.

"나는 20년이나 늦었다네. 나에게 그대의 나이와 건강을 주게."

그리고 그는 이렇게 중얼거린다.

"권력! 그것이 나를 찾아오는 게 너무도 늦었지. 눈을 떴을 때 자기에게 제국의 왕조나 정부를 흔들 힘이 있다고 느낀 적도 있었으나 그런 시기는 지나가버렸다네."

그는 항상 열렬한 청춘의 찬미자였으나 출발점이 너무도 늦었기 때문에 그 청춘은 허무하게 지나갔다. 피일이라든가 글래드스턴이라든가 매너즈라든가 그런 사람들이 출발한 수준에 도달하기까지 40년을 필요로 한 것이다. 태생에서 오는 불행, 그것은 가장 부당한 것인 만큼, 가장 쓰라린 것이었다. 이제야말로 "그것이 나를 찾은 것이 너무 늦어버렸어"라고 말한다. 내각을 조직한 직후인데 그의 몸은 여기저기 아프기 시작했다. 통풍을 앓고 있어서 의회에는 슬리퍼를 신고 가야 할 지경이다. 천식이 있어서 지껄이면 피로해져버린다. 가까이 있는 사람이라고는 충실한 몬타규 콜리 이외에 아무도 돌

봐 줄 사람조차 없다. 영광이란 사랑하는 사람에게 바치는 것이 아니면 가치없는 것이다. 이 귀찮은 영광을 도대체 어떻게 하면 좋은가?

"틀림없이 나는 당연히 행복해야 되겠지요. 그러나 나는 당신에게 진실 외에는 말할 수 없습니다. …… 나는 죽어버리고 싶을만큼 매우 불행합니다. ……나 이상으로 불행한 존재가 이 세상에 있으리라고는 정말 믿어지지 않습니다. 재산도 성공도 영광도 권력조차도 행복을 더할 수는 있어도 그것을 만들 수는 없습니다. 애정만이 행복을 줄 수가 있는 것입니다. 나는 외톨이고 나를 지탱해 주는 것이라곤 종이 위에 갈겨 쓴 약간의 동정이 가끔 있을 뿐, 그것마저도 아까워 하면서 주어진답니다. 소름 끼치는 생활이어서 거의 견디기 힘들 정도입니다."

이 지쳐버린 육체 속에 하나의 정열만이 살아남아 있다. 그것은 환상의 취미였다. 홀로 고통 때문에 침묵과 부동(不動)이 강요당하고 독서조차 할 수 없을 때 그는 자신의 놀라운 모험에 대해 예술가와 같은 기쁨을 가지고 회상한다. 아라비안나이트, 술탄이 된 구두 수선공의 이야기 속에도 그의 생애 이상으로 눈부신 것이 있을까? 이탈리아풍의 정원에서 조부가 켜는 만돌린 소리를 들으면서 나무 그늘에 누워 있던 소년의 꿈을 속속들이 그는 실현하지 않았던가?

'나는 드디어 나의 꿈을 실현했다.' 기사도적인 이야기나 풍습에 끌리는 경향을 그는 가지고 있었다. 청년영국당은 이 늙은 마음속에 아직도 살아 있었다. 러시아 대사의 조소적인 말에 의하면 그는 '그의 할머니들 전부'에게 둘러싸여서 '미의 여왕'의 법정에라도 있는 듯한 기분이었다. 그는 그의 여자 친구들을 모아서 하나의 단체를 만들고 새로 여기에 뽑힌 사람에게는 꿀벌 모양의 브로치를 선사했다. 이 단체는 주로 레이디 체스터필드나 레이디 브래드포드와 같은, 확실히 '할머니들'로서 이루어져 있었으나 아가씨도 없는 것은 아니었다. 이를테면 베아트리스 공주도 여왕의 허락을 받아 이에 가담하고 있었다. 그리고 단장은 아마 그가 이제는 여왕이라고 부르지 않고 선녀라 부르고 있는 여왕 자신이었을 것이다.

오스본. 푸른 나무그늘이 여행 중 반짝반짝 빛나는 풍경 뒤에는 눈을 쉬게 해준다. 성에서는 하얀 돛배를 띄운 푸른 후미가 바라보인다. 늙은 방문자는 자기 방에서 잠깐 쉴 새도 없이 이 성의 고귀한 여주인에게 불려간다. 그가 내려가자 그녀가 너무도 반갑게 맞아주므로 그는 한순간 그녀가 자기에게 키스해 주는 것은 아닐까 하고 생각한다. 그녀는 만면에 웃음을 띠고 여느 때보다 젊어 보인다. 그녀는 아름답게 보이기조차 하다. 그녀는 방 안을 새처럼 지저귀며 뛰어다닌다. 행복한 것이다. 그녀에게 자신을 갖게 해주는 단 한 사람이 또 다시 수상이 되었다. 여왕의 생활이란 괴로운 것이다. 그녀는 인기가 좋지 않았다. 매우 좋지 않았다. 런던 사람들은 길에서 그녀의 차를 보면 등을 돌렸다. 그것은 첫째 멜보른 경의 탓이었다. 그리고 또 저 가엾은 앨버트 때문이며 민중은 그가 독일인인 사실을 용서치 않았던 것이다. 그래서 여왕이 그의 상(喪)을 입는 것도 비난하고 각료들 누구 하나 그녀를 변호해 주지 않았다. 휘그당의 사람들은 모두가 왕권을 눈엣가시처럼 여기고 있었다. 그러나 디즈레일리는 군주제에 대해 여왕과 같은 생각을 가지고 있었다. 분명히 그는 군주가 의회에 반대하는 따위의 일이 절대로 생기지 않도록 바라고 있을 것이다. 그러나 그는 공평하고 변함없는 국외자의 지혜와 경험이 제국이라는 배에 있어서는 귀중한 바닥짐〔底荷〕이라고 믿고 있는 것이다. 여왕이 항상 이러지는 않을까 하고 느끼고 있는 위에서와 같은 관념을 디즈레일리는 참으로 훌륭하게 표현해 주었다.

"당신이 통풍을 앓고 있다고 생각하면! 얼마나 괴롭겠어요! 서 있어서는 안 됩니다. 의자를 가져오게 하지요"
하고 그녀는 위로했다.

이 전례없는 호의에 대해 디즈레일리는 당황하고 말았다. 여왕에게 앉은 채로 알현이 허락된 사람은 이제까지 한 명도 없다. 어느 날 더비 경이 중병에 걸려 있는 것을 알게 된 여왕이 매우 친절함을 보이며 "앉으라고 하는 것이 의례상 허락되지 않는 것을 매우 유감으로 생각합니다"라고 말씀하셨다고 언젠가 더비 경이 그에게 이야기한 적이 있었다. 디즈레일리는 그런 일을 떠올리며 만족스러운 한숨을 지었지만 사양한다. 충분히 서 있을 수 있었기에. 그러자 여왕은 더욱더 친절하게 모든 문제에 관해 그에게 흉금을 털어놓고 그가 호기심이 강한 것을 알고 있으므로 가장 비밀스런 서신까지 보여준다. 그녀는 이야기한다. 쉴새 없이 이야기 한다. 그녀는 메리 앤처럼, 여자들이 보통 이야기하듯이 이야기한다. 그러나 디즈레일리는 그녀의 지성을 무척 높이 평가하게끔 되었다. 그녀는 확실히 지식이 풍부한 사람이었다, 게다가 인간을 정확하게 판단한다. 이를테면 그녀는 글래드스턴이란 인물을 간파하고 있었다. 영국 왕이 남자가 아니고 여왕이었다는 것은 디즈레일리에게 있어 얼마나 행운이었던가! 만찬 때의 대화는 활기 있고 즐거운 것이다. 디즈레일리는 이처럼 자유롭게 이야기한 적이 없었을 정도였다. 그는 가슴이 덜컥 내려앉는 것 같은 표현으로 하고 싶은 말은 무엇이든 지껄이고 여왕은 이렇게 재미있는 사람은 처음 보았다고 생각한다. 그가 테이블 건너편에서,

"폐하, 멜보른 경이 폐하에게 '이렇게 해주십시오. 저렇게 해서는 안 됩니다'라고 말씀드렸다는 것이 정말입니까?"

하고 묻는다. 그녀는 그 대담솔직함에 황홀해진다. 때로는 단둘이 있을 때 수상의 찬사가 달콤해지고 거의 노골적일 때도 있다. 그러나 여왕은 그가 동양인의 피를 갖고 있으니까 하고 용서해 준다. 여왕은 동양을 좋아한다. 자기 의자 뒤에는 인도인 시종(侍從)을 세우고, 나라의 우두머리에는 재치 있고 감상적인 수상을 갖고 있는 것이 그녀에게는 기쁨이다.

그녀는 그를 어디에나 초대한다. 스코틀랜드의 발모랄로 그를 부르기도 하는데 여기서의 생활은 훨씬 간소하고 자연적이다. 불행하게도 손님은 병치레가 잦다. 긴 여행은 그를 피로케 만든다. 여왕은 시의(侍醫)인 유명한 서 윌리엄 젠너를 디즈레일리 방에 보낸다. 윌리엄 경은 수상에게 자리에 누워 있으라고 명한다. 아침이 되면 여왕은 그를 문병한다.

군주를 슬리퍼와 평상복 차림으로 맞이하는 수상을 어떻게 생각하십니까?

라고 그는 레이디 체스터필드에게 써보낸다. 그가 매우 쇠약해 있음을 보고 여왕은 모성적이 된다. 그들의 관계는 완전히 인간적인 것이 되어 있다. 그녀는 앨버트의 이야기를 한다. 그는 메리 앤의 이야기를 한다. 수상도 여왕도 결혼에서 행복을 발견했었다. 이것 역시 두 사람을 맺어주는 인연이었다. 런던에 돌아오자마자 곧 그에게 꽃상자가 보내져 온다.

디즈레일리로부터

폐하에 대해 마음으로부터의 경의를 표하면서. 어제 저녁 화이트 홀에 매우 고귀하게 보이는 상자가 출현했습니다. 열어보았을 때 처음에는 폐하께서 대훈위(大勳位)의 훈장을 수여하신 거라고 생각했습니다. 그런 환상을 강하게 품었으므로 이날 저녁 훈장과 수장(綬章)을 단 사람들의 연회에 출석하게 되어 있던 저는 가슴에 크고 아름다운 꽃을 달고 자기도 또한 우아한 여왕님에게서 훈장을 수여받았다고 사람들에게 과시하고 싶은 마음을 누를 수가 없었습니다. 그리고 밤이 이슥했을 때 이런 일은 전부 요술인지도 모른다, 이것은 아마 선녀의 선물로서 어느 나라에선가 온 것이라는 생각이 떠올랐습니다. 선녀 티타니아(요정의 여왕《한여름밤의 꿈》의 등장인물)가 어딘가 멋진 섬에서 궁녀를 거느리고 꽃을 따서 그것을 받은 사람은 모두 멍해지고 만다는 요술 봉오리를 부쳐 준 것이라고 생각했습니다.

행 동

생각하기는 쉽다. 행동하기는 어렵다. 그리고 자기 생각에 따라 행동하는 것은 이 세상에서 가장 어려운 일이다.

— 괴테 —

1875년 11월 15일, 프레데릭 그린우드라는 신문기자가 외무성으로 더비 경을 방문했다. 그는 그 전날 밤 이집트 사정에 밝은 재정 전문가와 만찬을 들고 이집트 총독이 돈이 아쉬워서 수중에 있는 수에즈 운하의 주식 17만 7천주를 담보로 내놓고 싶다고 말하고 있다는 이야기를 가지고 왔다. 수에즈의 주식은 전부가 40만 주로 그 대부분을 프랑스의 자본가가 쥐고 있었다. 그러나 운하는 인도로 가는 통로이므로 이집트 총독의 소유분을 손에 넣는 것이 영국의 이익이 된다고 그린우드는 생각한 것이다. 더비는 그다지 탐탁해하지 않았다. 그는 거대한 계획에 대해서는 두려움을 갖는다. 그러나 디즈레일리의 상상은 불타올랐다. 그는 재 이집트 영국 주재원에게 전보를 쳐서 총독이 프랑스의 어느 그룹에게 다음 화요일까지 9천 2백만 파운드의 옵션을 주고 있다는 것을 알게 된다. 총독은 영국과 거래할 수 있으면 그보다 더 좋을 수가 없다. 그러나 즉각 돈을 필요로 하는 사항인만큼, 의회는 휴회 중이고 4백만 파운드라면 심의도 하지 않고 예산을 편성할 수 있는 금액은 아니다.

숨 돌릴 겨를이 없으나 행동으로 옮기지 않으면 안 됩니다.

라고 디즈레일리는 여왕에게 편지를 쓰고 있다. 프랑스 정부는 방해하지 않는다. 뿐만 아니라 오히려 두커즈 공작(1780~1860. 프랑스의 정치가)은 비스마르크와 대항하기 위해 디즈레일리의 지지를 절실히 바라고 있던 참에 프랑스 은행에 찬물을 끼얹은 것같은 말을 한다. 그래서 프랑스 은행은 특권을 포기해버리고 만다. 그렇다고는 해도 4백만 파운드가 필요했다. 내각의 신중한 심의가 벌어지고 있을 때 몬타규 콜리는 대기실에서 대기하고 있었다. 당수가 문을 반쯤 열고 머리를 내밀고 한 마디 "됐다"고 한다. 10분 후에 그는 마침 식사 중인 로스차일드가에 와 있었다. 그리고 내일 디즈레일리가 4백만 파운드를 필요로 하고 있다는 것을 이야기한다. 포도를 먹고 있던 로스차일드는 한 알 따서 껍질을 뱉으면서 묻는다. "보증은?" "영국 정부입니다" ─ "내지요."

디즈레일리는 즉시 여왕에게 보고했다,
"이야기는 결정되었습니다. 폐하, 폐하는 손에 넣으셨습니다…… 4백만 파운드! 그것도 거의 즉각적으로 말입니다. 이것을 융통할 수 있는 곳은 한 군데뿐이었습니다. 로스차일드입니다. 그 일가(一家)가 기특하게도 매우 싼 이자로 제공해 준 덕택에 이집트 총독의 지분이 폐하의 수중으로 돌아왔습니다."

여왕은 매우 기뻐했다. 디즈레일리는 여왕이 이처럼 활짝 웃는 것을 본 적이 없었다. 그녀는 그에게 만찬을 함께 하자면서 친밀하고 다정한 태도를 보였다. 며칠 전 무례하게도 영국은 이미 정치세력이 없어졌다고 호언한 비스마르크의 분노를 생각해 볼 때 이 '선녀'는 더욱 기뻤다.

당시 영국은 글래드스턴 아래서 몸을 도사리는 편이었으며 프랑스는 전쟁으로 탈진해 있었다. 독일 재상(宰相)이 유럽의 주인 행세를 하게 된 것은 당연했다. 그러나 디즈레일리가 일어서자 영국은 다시 외교 정책과 타국의 존경을 요구하는 의지를 되찾았다. 1875년 비스마르크가 자기네가 벨기에를 위협해 놓고는 프랑스에게 책임을 돌렸을 때 디즈레일리는 레이디 체스터필드에게 이렇게 썼다.

비스마르크라는 사나이는 정말로 보나파르트가 재림한 것 같은 놈입니다. 고삐를 매어두지 않으면 안 됩니다.

그것을 그가 여왕에게 아뢰자 여왕도 인정하고 러시아 황제에게 편지를 쓰겠다고 말했다. 그리하여 영국과 러시아가 동시에 베를린에 대해 저항했으므로 비스마르크도 물러섰다. 한편 영국이 다시 대륙정책에 손을 뻗치게 된 것은 성공적이었으며 여왕은 이것을 기뻐했다. 디즈레일리가 정치를 할 때의 그녀는 얼마나 자기의 강력함을 느꼈었던가.

갑자기 여왕이 인도 여황제의 칭호를 요구했다. 1858년의 반란 이후 인도가 영국에 합병되었을 때에도 이 문제가 제기되었으나 디즈레일리는 원칙적으로 이에 찬성을 표시했다. 그러나 1875년은 공교롭게도 시기가 나빴다. 그다지 영국적이지 않은 생각이 수상의 동양적인 야단스러운 취미 때문이라고 생각되리라는 것을 디즈레일리는 잘 알고 있었다. 여왕에게 몇 년 참아달라고 그는 극력 간원했다. 그러나 소용없었다. 여왕의 집요함에 눌려서 법안을 상정하지 않을 수 없었다.

민중은 야단법석을 떨었다. 영국인은 변화를 좋아하지 않는다. 여왕은 줄곧 여왕이었다. 그런 그녀가 어째서 그대로 있지 않는 걸까? "황제라는 칭호는 정복이나 박해나 나아가서는 방종(放縱)의 이미지를 떠올리게 한다"고 청교도들은 말했다. 갖가지 팜플렛이 나돌았다. '급사장 꼬마 벤은 어떻게 해서 여왕정(亭)이란 간판을 '여황제호텔 유한회사'로 바꿨는가, 그 결과는 어떻게 되었는가,' 또한 '바그다드의 고아인 디지, 벤, 디지는' —— 이 사건은 외국의 외교관들에게는 웃음거리로 여겨지고 있었다. 프랑스 대리 대사는 이렇게 쓰고 있다.

예술가 디지, 임금님 제조업자 디지의 변덕, 벼락 여왕의 변덕이다. 그녀는 이로 인해서 자신의 위상이 오르고 자식들도 이 칭호 덕분으로 지위가 높아진다고 믿고 있다. 왕권의 기원을 숨겨야 하는 베일을 이런 식으로 벗어버린다는 것은 내 느낌으로는 잘못이라고 생각한다. 장난으로 이런 일에 손을 내밀어서는 안 된다. 황제라든가 왕이라는 것은 선천적인 것이지 이렇게 만들려고 한다는 것은 매우 위험하다.

디지는 모두를 안심시켜야 했다. 황제라는 이름으로 나쁜 기억이 되살아난다면, 그는 인간성의 황금시대는 안토니우스(로마 황제)의 시대였다는 것을 지적했다. 여왕의 칭호는 영국에 있어선 유럽에 관계되는 모든 서류 속에서만 사용하면 된다. 다만 인도에 관계 있는 서류나 장교(인도 근무를 명령받을 가능성이 있다)의 사령장에만 '법의 옹호자' 뒤에 '인도 여황제'라고 덧붙이면 된다. 여왕은 자기 의사에 대한 반대 때문에도 마음이 아팠으나 특히 자기의 소망이 친애하는 디즈레일리에 대한 개인적인 공격을 불러일으킨 일로 해서 더욱 괴로웠다. 그러나 그 때문에 더욱 더 그와 친밀해졌다. 겨우 그 칭호를 손에 넣은 날 그녀는 그에게 사례의 편지를 썼는데 어린애처럼 기뻐하면서 거기에 '여왕이며 여황제인 빅토리아'라고 서명했다. 그리고 그녀는 만찬회를 개최해서 관습에 어긋나게 인도 왕후들의 선물인 동양의 보석을 잔뜩 달고 참석했다. 식사가 끝날 무렵 디즈레일리는 에티켓에 어긋난다는 것을 알면서도 일어서서 페르시아의 시처럼 이미지에 넘친 스피치를 하여 이 인도 여황제의 건강을 축복하는 건배를 외쳤다. 여왕은 싫은 얼굴을 하기는커녕 미소를 지으면서 가볍게 인사를 했는데 그것은 답례라고 할 수 있을 만큼 정중한 것이었다.

운명과 세월의 변천, 의회의 뜻이나 여왕의 기분이라는 물결 속에서 떠도는 배는 이렇게 해서 제법 그럴싸하게 바다를 제압하고 있었다. 그러나 사공의 병은 무거웠다. 그는 건강이 매우 좋지 않음을 이유로 정치생활에서 떠나고 싶다고 몇 번이나 여왕에게 말했다. 그러나 그것은 그녀에게 있어서 어떤 일이 있더라도 바람직한 일이 못되었다. 수상에게 귀족원으로 옮기도록 명하는 것은 간단한 일이었으므로 그녀는 "귀족원으로 옮기면 훨씬 피로하지도 않고 거기서 모든 일을 이끌어나갈 수도 있을 테지요"라고 시사했다. 그도 이것을 받아들였다. 그는 이전에 메리 앤에게 얻게 해준 비콘즈필드의 이름을 자기 것으로 만들었으나 그녀는 여자작(女子爵)에 불과했는데 그는 휴엔덴의 휴엔덴 자작, 게다가 비콘즈필드 백작이 되었다. "백작!" 하고 글래드스턴은 이 악마적 인물의 새로운 변신을 알았을 때 비꼬았다.

"그 자가 공작이 되지 않았다는 것은 용서할 수 없어."

감동적이긴 하지만 그다지 좋은 취미라고는 생각되지 않는 이별의 장면 같은 것을 피하기 위해 이 결정을 발표하기 전날, 그는 중의원에서 최후의 연설을 했다. 비밀이 굳게 지켜졌으므로 이제 당수의 연설을 들을 수 없게 되리라고는 의원들도 생각하지 못했다. 회의가 끝나자 그는 의사당 안을 천천히 돌아다니며 안쪽 칸막이가 있는 곳까지 갔다. 거기서 그는 돌아서서 잠시 동안 의석과 계단식 자리, 자기가 최초의 연설을 한 곳, 피일의 당당한 체구와 아름다운 얼굴이 보이던 국고(國庫)의 자리, 자신이 무척 오랫동안 앉았던 야당석을 조용히 바라보았다. 그러고는 의장의 팔걸이 의자 앞을 지나서 제자리로 돌아와서는 커다란 흰 외투를 걸치고 비서의 팔에 부축되어 퇴장했다. 마주 스친 젊은이는 그의 눈에 눈물이 고였음을 보고 이상하게 생각했다.

다음 날 개회에 즈음하여 의원들에게 뉴스가 알려지자 그들은 감동해서 몇 사람씩 모여섰다. 자리에서도 의사당 안에서 사자(死者)를 안치해 놓은 것처럼 작은 소리로 이야기했다. 그의 적수의 한 사람인 윌리엄 하코트 경은 그에게 이렇게 써 보냈다.

이런 큰 변화가 일어날거라곤 생각조차 해보지 않았습니다. 기사도도 정치의 매력도 모두 우리 곁을 떠나버린 듯합니다. 남겨진 것은 다만 형식적인 방법뿐입니다.

분명히 의회 전체가 그렇게 느꼈다. 노인이 생의 유희에 걸고 있던 관심이 주위의 모든 사람에게도 감염되었던 것이다. 그와 함께 있으면 다음날에 어떤 일이 일어날지 전혀 알 수는 없었으나 적어도 지루하지 않았다는 것은 확실했다. '그는 거대한 진부함을 쫓아버렸다.' 이 인생의 대예술가인 존재에 의해 말하자면 논쟁까지도 예술작품으로 화해버렸던 것이다. '그는 자신이 눈부신 존재였을 뿐 아니라 다른 사람까지도 눈부신 존재로 만들었다.' 권위를 획득한 이래 이것을 이용해서 모든 사람에게 예양(禮讓)과 형식에 대한 존경의 마음을 지키게 했다. 당원에게 방해 받으면 그는 돌아보고 쏘는 듯 불쾌한 눈빛을 보냈다. 재정상의 토론을 기사의 결투처럼 생각하게 되고 곁에서도 그것을 알 수 있었다.

내게 있어서 중의원의 생활에서 내가 갖고 있던 개인적 관심은 당신이 떠난 이제 완전히 마지막을 고했습니다.

라고 매너즈는 써 보내고 있다. 그리고 윌리엄 하코트 경은

앞으로의 게임은 여왕이 없어진 체스와 같은 것, 보병만의 재미 없는 싸움입니다

라고 쓰고 나폴레옹의 죽음을 알았을 때의 메테르니히의 말을 인용하고 있다.

그의 죽음을 알았을 때 정치적 라이벌이 없어진 것을 내가 기뻐했으리라고 대개 생각하시겠지만 사실은 정반대이다. 저 참으로 총명한 인물과 이제는 이야기할 수가 없다고 생각하면 나는 애석하기 짝이 없다.

"아아 이 무슨 일일까!"
하고 또 다른 사람은 탄식하고 있다. "당신에 필적할 수 있는 인물을 두 번 다시 볼 수는 없겠지요. 거인의 시대는 끝난 것입니다."
얼마 후 여왕이 의회의 개회를 선포하였을 때 그녀 곁에 진홍과 순백색 천을 두른 낯선 인물이 한 명 서 있는 것이 눈에 띄었다. 새 비콘즈필드 경이었다. 가장 아름다운 귀족 부인들까지도 그가 귀족원에 자리를 잡는 것을 보러 와 있었다. 더비와 브래드포드가 후견인을 맡았다. 나무랄데없이 여

유 있는 태도로 그는 예식의 규정대로 절하고 악수하고 모자를 벗었다. 이어서 귀족원에 들어간 그날부터 벌써 당수가 된 그는 첫 회의에서부터 연설하지 않으면 안 되었다. 스물다섯 살 때 그는 《젊은 공작》에서 쓰고 있다.

한 가지는 분명하다. 중의원과 귀족원에서는 두 가지 다른 스타일이 필요하다. 시간만 허락한다면 앞으로의 생애에서 그 두 가지 규범을 보여주는 건데. 하원에서는 〈돈 후안〉을 모범으로 해야 한다. 상원에서는 《실락원》이다.

그는 어느 경우나 잘못 알고 있었다. 그러나 중의원에서는 지식을 넓혀서 바이런풍의 방식이 틀렸다는 것을 알 때까지 얼마간 시간이 걸렸으나 귀족원에서는 처음부터 밀턴의 스타일 같은 것은 쓰지도 않았다. 이에 가까운 뉘앙스가 감돌고는 있었으나 그것은 젊을 때 생각했던 것보다 훨씬 미묘해서 포착하기 힘들게 되어 있었다. 그는 이것에다 완벽한 예술의 표적을 부여했다.
"나는 죽었다. 그러나 죽어서 천당에 다시 태어난 것이다" 하고 그는 첫 회의에서 퇴장할 때 말했다.

잔학 행위

자네는 내게 어떤 부류의 영국인들을 생각나게 한다네. 그들
은 그 사상이 자유로워질수록 더욱 도덕에 매달린다네.
— 지드 —

1875년 7월, 터키의 보스니아와 헤르제고비나 지방의 농
민들이 자신들을 개처럼 취급하는 정부에 대해 반란을 일으
켰다. 이 반란은 사소한 사건처럼 보이더니 확대되어갔다.
터키 왕조의 무력함은 놀랄 정도였다. 2천 명의 사람을 모아
서 이를 보스니아에 파견하는데도 대단한 군사적 재능을 필
요로 하는 듯했다. 게다가 돈이 없었다. 터키의 무능함을 보
고 러시아가 움직이기 시작했다. 발칸의 모든 마을에서 시릴
과 메트드(살로니카 태생의 형제 전도자)가 포교하는 러시아
정교를 믿는 단체가 비밀위원회를 조직해서 반 터키 운동을
추진하고 있었다. 러시아를 움직이는 힘은 두 가지가 있었
다. 하나는 감정적인 것, 자기들은 불가리아나, 세르비아나,

루마니아 사람들과 민족적으로는 동포이며 또 종교에 있어서도 대부분 그렇다는 느낌이었다. 또 하나는 정치적인 것으로 그들은 지중해 진출을 필요로 했으며 콘스탄티노플과 다르다넬스 해협을 손에 넣거나 그 당시 러시아의 보호를 받고 있던 불가리아와 세르비아를 해방시켜서 지중해로 손을 뻗치려 하고 있었다.

그런데 디즈레일리에게는 러시아의 지중해 진출만큼 두려운 것은 없었다. 그에게 있어서는 인도 및 오스트레일리아와의 자유로운 연락을 유지하는 것은 영국정책의 최우선 과제였지만 육지를 거칠 경우 이 연락은 우방인 터키를 경유하지 않고는 불가능했으며 해로는 수에즈 운하에 의존하지 않을 수 없었다. 그런데 운하는 아시아에 있는 터키의 영역이 적국의 수중으로 들어갈 경우 위험천만한 것이 된다. 이번 사건에서의 러시아의 역할은 매우 미심쩍은 것이었다. 그 의도는 광대하고 위험한 것인지도 모른다. 처음부터 잘 감시하고 덤벼야만 했다. 크리미아 전쟁의 시초를 디즈레일리는 분명히 기억하고 있었다. 그때 애버딘 경 같은 평화적 인물이 전쟁에 대한 공포심 때문에 어떻게 해서 전쟁으로 말려들어갔는가, 그는 그것을 보고 있었다. 평화를 보장하는 참된 수단은 여기서부터는 절대로 물러나지 않겠다는 선을 분명히 제시해 두는 일이라고 그에게는 생각되었다.

보스니아에 이어서 불가리아가 봉기하고 러시아와 독일과 오스트리아가 터키에 대한 엄중한 각서를 만들어 영국도 여기에 서명하도록 요청해왔을 때 수상은 이를 거부했다. 영국 자체는 터키라는 나라의 존재를 기꺼워하고 있는데 이것을 멸망시키는 일에 협력하는 것, 그것도 공공연한 적으로 간주하고 있는 고르차코프(1798~1883. 러시아의 외무대신)나 도저히 기대할 수 없는 친구 비스마르크와 함께 여기에 참가할 수가 있겠는가? 오히려 태도를 분명히 밝히는 편이 좋았다. 그는 레이디 브래드포드에게 쓰고 있다.

이번에는 전쟁에 휩쓸리지 않겠습니다. 만약에 그렇게 되는 경우는 우리가 그것을 원하고 또 손에 넣어야 하는 목적이 있어야 할 것입니다. 그러나 나로서는 이런 분쟁의 원인이 되고 있는 러시아가 도리를 지켜서 평화가 찾아오기를 바라고 있습니다.

정부의 단호한 정책은 상당히 폭넓게 지지를 받고 야당인 자유당조차 침묵을 지키고 있었으나 거기에 글래드스턴에게 충실하며 풍부한 정보를 쥐고 있는 신문 데일리 뉴스가 터키가 불가리아에서 자행하고 있는 잔학행위에 관해서 놀랄만큼 상세한 기사를 발표했다. 유아 학살, 부녀 폭행, 소녀의 노예 매매, 1만 명의 기독교도에 대한 투옥, 이것이 수상의 친구이며 동맹자라는 인물의 행위였다. 그러나 디즈레일리는 이 무서운 이야기를 짓궂은 시기심을 가지고 읽었다. 대사로부터의 보고는 아무것도 와 있지 않았다. 글래드스턴과 그 동지들이 어떤 속셈으로 사실을 과장하고 있는지 그는 알고 있었으며 원래 그는 잔학행위 따위를 쉽사리 믿지 않는 인간이었다. 앞서 인도의 대반란 때에도 그는 용기를 내어 일반적인 감정에 반대하고 비판적 정신에 호소하였었다. 그리고 조사도 하지 않고 분개하는 것을 거부했다. 야심 말고는 강한 정열이 없는 온화한 인간이었던 그로서는 고의적인 잔학함이나 사디즘 같은 것은 도저히 상상할 수 없었다. 전에 터키에 여행했을 때 그 곳 고관들과 함께 만찬을 같이하며 물담배도 피웠지만 그렇게 점잖은 사람들이 아이를 학살한다고는 생각할 수 없었다. 정규군에 속하지 않은 무리들의 지나친 소행일 수 있지만 틀림없이 폭도들 쪽에서도 그다지 온당하지는 않았을 것이다. 그는 '부화뇌동한다는 것'이 몸서리칠만큼 싫었다. 피억압민족에 대해 질문을 받기만 해도 벌써 거기에 위선의 냄새를 맡고 자기가 억압되고 있는 것처럼 느꼈다.

중의원에서 이 문제가 제출되었을 때 그는 인간성의 명예를 위해 좀더 정확한 정보가, 이 뉴스는 과장되어 있음을 밝혀주기를 바란다고 답변했다. "불가리아에서 잔학행위가 자행된 것을 의심하는 것은 아닙니다. 그러나 소녀가 노예로 매매된다거나, 1만 명이나 되는 사람이 투옥되었다는 사실을 나는 의심하고 있습니다. 사실 터키에 그만큼 수용할 수 있는 감옥이 있으리라고는 생각되지 않으며 일반적으로 죄인에게 재빠른 조치를 취하는 동양인이 그런 한가한 형벌을 가하리라고도 생각되지 않습니다."

불행하게도 이번에는 디지의 추측이 잘못되어 있었으며 소문은 진실이었다. 대사는 본국의 소동에 놀라 정보를 수집해 보고 사실을 확인하지 않을 수 없었으며 여론은 들끓었다. 수상이 경솔한 말로서 희생자들을 무시한 것을 용서할 수 있겠는가? 디즈레일리는 전혀 정보를 제공해 주지 않았던 외무성을 원망하며 폭풍이 잠잠해지기를 기다렸다. 불가리아의 마을들이 소각되고 소녀들이 폭행을 당한 것은 매우 유감스러운 일이지만 그 때문에 명분이 뚜렷한 여태까지의 정책을 포기할 수 있겠는가?

전 쟁

"브리타니아 양이 디즈레일리를 닮은 한 안내자에게 이끌려 벼랑 끝에서 심연을 내려다보니까 '전쟁'이라는 글자가 보인다."

이런 그림을 〈펀치〉가 발표했다. '조금만 더 끝으로 나오십시오'라고 안내자가 말한다. ──'이 이상은 한 치도 움직일 수 없습니다'라고 무서워서 질려버린 듯한 브리타니아가 대답한다. '이미 너무 끝에 나와버렸습니다.' 확실히 브리타니아는 추락하지 않을까 하고 무척 겁내고 있었다. 비콘즈필드 경의 정책은 러시아를 전쟁구호로 위협하여 뒷걸음질치게 하는 것이었으나 전쟁을 시작할 작정은 아니었다. 그러나 벼랑 끝을 너무 서성거리다가는 돌이 하나만 굴러도 헛수고가 된다고 생각하는 것도 이상할 것은 없었다.

외무성의 보스, 아직 젊은 더비 경의 의견이 그러했다. 그는 부친과는 전혀 달라 재능은 없었지만 분별이 있는 인물로서 그 건전한 둔감함은 위험을 당해서는 유효하였으나 '외교상의 경솔함'을 저지르게는 되어 있지 않았다. 로맨틱한 일이나 연극 같은 연출은 질색이었다. 러시아를 위협할 이유는 그에게는 전혀 생각할 수 없었다. 그리고 훌륭한 가문을 갖춘 교양 있는 인물이라는 당연한 평판이 그에게는 따랐으므로 다수의 동료가 그에게 동조했다.

내각이 고삐를 죄는 데 대해 여왕 쪽에서는 부추겼다. 사실 여왕은 여태까지 죽 러시아를 싫어하고 있었다. 앨버트는 항상 위험은 러시아로부터 온다고 말했으며 그녀도 제국의 보존과 인도로 가는 통로의 안전은 자기 어깨에 걸려 있다고 생각하고 있었던 것이다. 그녀는 글래드스턴과 더비 경을 비난했다. 여자인 자기도 적을 향해 진격할 용의가 있는데 어째서 이렇게 많은 남자가 마음이 약한지 그녀는 이해할 수 없었다. 그녀는 호전적인 편지를 써서는 수상을 고민하게 했다.

러시아는 터키에게 선전포고를 했다. 러시아 황제는 중립의 약속을 영국으로부터 얻으려고 이그나체프 장군에게 특명을 주어서 파견했다. 런던 여러 곳에서 이그나체프 부처를 위해 만찬회가 열렸다. 부인은 금발 미인에다 대단한 술꾼이었으므로 대호평 가운데 영접되었다. 런던데리 후작 부인과 그녀가 다이아몬드의 아름다움을 겨루었는데 이긴 것은 영국측이었다. 그런데 비콘즈필드 경은 러시아 황제가 대영제국의 보전에 빼놓을 수 없는 세 가지 점, 수에즈 운하, 다르다넬스 해협, 콘스탄티노플을 침략하지 않는다는 약속을 하지 않으면 중립을 지킬 수 없다고 이 러시아 부인에게 경고했다. 고르차코프는 이를 약속했다. 약속을 했다고 해도 그는 아무런 위험도 무릅쓰는 것은 아니었다. 정보는 그를 안심시키는 것이었다. 즉 영국 여론은 일치해서 비콘즈필드 경을 따르고 있다고는 도저히 말할 수 없는 상태였다.

위협을 하는 데는 밑바닥을 알 수 없는 침착성이 있어야 하는데 이것은 수상의 뛰어난 특징이었다. 그러나 두 명의 상대 가운데 하나는 일이 있을 때마다 공갈이 아니냐고 아우성을 치고 또 한 명은 게임에 열중해버려서 손에 숨긴 것을 보이라고 요구하는 판이니 어떻게 위협을 하면 좋을까? 더욱이 말썽인 것은 여왕 쪽이었다. 여왕은 그가 무척 마음에 들어서 그 이외에는 믿지를 않았다. 이유는 다르지만 그만은 그녀와 마찬가지로 다른 모든 감정을 묵살해버리는 편협한 애국심의 소유자였던 것이다. 그녀는 그에게 매달리고 있었다. 그에게 최대의 위계 훈장을 주고 싶다고 생각하고 있었다. 여왕은 그에게 가터 훈장을 주겠다고 하였으나 그는 때가 좋지 않다면서 이를 거절했다. 여왕은 휴엔덴의 그의 집을 방문했는데 이것은 메르본 경 이후 아무도 받은 적 없는 영예였다. 여왕은 그가 자기에게 쓰는 편지에는 공식적인 서식을 안 해도 된다는 허가를 주었으므로 그는 '친애하는 여왕님'이라는 문구로 편지를 시작하게 되었다. 여왕 자신도 답장에는 '친애하는 비콘즈필드 경'이라고 쓰고 '진정으로 마음으로부터의 경의를 가지고 —— 애정에 넘쳐서 —— 빅토리아, 여왕이며 여황제'라고 서명하는 것이었다.

그러나 여왕의 집요함에는 그도 무척 고민하고 있었다. 비콘즈필드 쪽은 전쟁을 피한다는 결심을 하고 있으며 피할 수 있다는, 확신에 가까운 신념을 가지고 있는데 반해 여왕은 내내 흥분한 채 전쟁을 원하게 되어버리고 말았다. 그 점이 두 사람 사이의 차이였다. 러시아군이 드디어 프레브나를 함락하고 콘스탄티노플을 내려다보는 고지에까지 진군하였을 때 여왕은 어린애처럼 이전의 약속을 상기시키려고 했다.

"비콘즈필드 경은 이런 사태가 되면 선전포고하겠다고 말하지 않았습니까? 도대체 무엇을 우물쭈물하는 겁니까? 이미 러시아는 유럽의 여러 나라에게는 통보도 없이 터키와의 비밀조약의 교섭을 하고 있는 것이 아닌가요. 곧 기정사실이 되고 말 거예요. 아아! 비콘즈필드 경도 다른 사람과 다름없어요. 남자들은 모두가 겁쟁이."

그녀만이 불쌍하게도 여성의 몸으로 모두를 부추기는 역할을 하지 않으면 안 되었다. 비콘즈필드 경은 깊숙이 머리를 숙였다. 그는 충성을 과장해서 자신의 불복종에 용서를 구하려고 노력하는 것이었다.

"밤에는 편지를 주시지 않기로, 그리고 너무 자주는 주시지 않기로 하신 약속을 폐하께서 상기하시도록 바라는 바입니다. 저는 폐하를 위해서만 살고 폐하를 위해서만 일하고 있습니다. 폐하가 계시지 않는다면 모든 것은 끝장인 것입니다."

그러면서도 그는 조용히 게임을 지켜보고 있었던 것이다.

또 한 명의 대도박사가 이때까지의 귀추를 주시하면서 게임에 참가할 기회를 노리고 있었다. 그것은 비스마르크 공작이었다. 갑자기 그는 2월 19일에 하원에서 대연설을 하면서 자기 손의 패를 공개했다. 일부러 무엇이 무엇인지 아리송한 이 연설의 의도는 그런만큼 오히려 의미가 명백하였다. 오스트리아와 러시아 중 한 쪽을 선택해야 될 입장에 몰린 비스마르크는 1875년의 사건 이래 고르차코프에게 원한을 품고 있었으므로 러시아에 적대하는 편이 되었다. 그는 이해관계 때문에 움직이고 있는 것은 아니라고 공언했다. 동방문제 따위는 독일에게 중요한 것은 아니었다. 콘스탄티노플은 포메라니아의 한 병졸의 뼈만도 못한 것이다. 독일이 바라는 것은 분쟁을 피하는 일이었다. 독일은 서로 대립하는 이해관계국 사이에서 '성실한 중재자'의 역할을 하려는 것이었다. 터키와 러시아가 지금 상호간에 맺으려 하고 있는 조약은 유럽의 여러 대국 사이의 협의에 의해, 또는 국제회의에 의해 인정되는 것이 당연한 일이어서 만약 그럴 경우 이것을 베를린에서 개최하자는 것이었다. 자못 표면적으로는 무척 고결한 생각인 듯했으나 고르차코프가 몇 년이나 걸려서 쌓아올린 것을 비스마르크는 단 두 시간에 때려부수고 말았던 것이다. 이미 영국으로부터 위협을 받고 있는 러시아는 더 이상 독일까지 무시할 수는 없었다. 그래서 회의를 즉각 수락했으나 그 수락 문구는 조약을 열강의 협의에 붙인다는 것이 아니고 이것을 열강에게 통보한다는 취지의 것이었다.

드디어 조약 내용이 공표되었다. 영국 국민은 이것을 읽고 망연자실했다. 고르차코프는 외견상 약속을 존중하고 있었다. 콘스탄티노플·수에즈·다르다넬스는 자유 그대로였다. 그러나 이들 지점은 모두가 소용없는 것이다. 왜냐하면 터키는 유럽에서 그의 영토를 완전히 잃고 만다. 러시아는 새로운 불가리아라는 나라를 만들고 이것이 러시아 밑에 붙어서 지중해로의 유도로(誘導路)가 된다. 러시아는 또한 아르메니아에서 카르스와 바툼의 고을을 점거하고 이렇게 해서 인도에 접근하여 아시아·터키에 측면공격을 가하는 것이다. 위험 앞에 서면 일치단결하는 여론의 움직임에 따라 영국 전체가 수상 뒤를 따르게 되었다. 그런 조약을 의논하기 위해서라면 영국은 회의에 참가하지 않겠다는 것이다.

비콘즈필드 경은 태연자약했다. 그런 조약은 도저히 받아들일 수 없다고 그는 생각하고 있었다. 가장 중요한 점에 관해서 영국 —— 러시아 간에 직접 조약을 체결한 뒤가 아니면 회의에는 참가하지 않겠다고 그는 슈바로프에게 통고했다. 그의 조건은 첫째, 불가리아국을 만들지 말 것, 둘째, 러시아령 아르메니아는 인정하지 말 것, 이 두 가지였다. 대사는 펄쩍 뛰었다.

"그렇다면 러시아의 전과는 완전히 없어지는 것이 아닙니까……."

그럴지도 모르지만 어쨌든 만족스러운 회답을 얻을 수 없다면 영국은 힘으로라도 문제의 땅에서 러시아를 쫓아낼 것이라고 수상은 그에게 말했다. 슈바로프는 걱정스럽기는 했으나 반신반의하는 태도로 물러갔다. 비콘즈필드 경이 곧 영국이라는 것은 아니다. 각의석상에서 수상은 전쟁 준비를 제창했다.

"우리가 단호하게 결연한 태도를 보이면 평화를 얻을 수 있을 것이며 이러한 조건을 유럽에게 강요할 수도 있을 것이다."

 그러나 어쨌든 전쟁 태세는 갖추어 놓아야 한다. 그는 예비군의 점호, 예산의 산정, 해군의 콘스탄티노플 파견을 제안했다. 그리고 인도로 가는 길을 지키는 것이 문제가 되어 있으므로 대영제국 전체가 스스로의 방어에 참가해야 하며, 인도부대를 지중해에 보내서 러시아의 연락로의 요충이 되는 땅, 즉 키프로스 섬과 알렉산드리아를 점거해야 한다고 주장했다. 내각은 당수의 의견에 찬성했다. 다만 더비 경만은 반대여서 사직해버리고 말았다. 이런 방침은 전쟁을 초래할 것임에 틀림없다고 생각하고 그는 그 책임을 거부했던 것이다. 비콘즈필드 경은 옛날부터의 친구이며 더비가의 한 사람인 그와 헤어지는 것을 애석하게 생각하면서도 사직을 수락했다.

 그러자 슈바로프도 겁이 났다. 더비의 사직은 하나의 징후였다. 러시아는 어떻게 해서든 영국과의 전쟁만은 피하고 싶었다. 거듭되는 전쟁으로 피폐해 있었다. 함대도 없었다. 그러기엔 비스마르크와 친분을 맺기보다는 비콘즈필드 쪽이 나았다. 대사는 양보안을 가지고 다시 찾아왔다. 고르차코프는 대 불가리아 문제에서는 양보하고 이것을 반으로 줄여 해안까지는 이르지 않도록 하지만 러시아령 아르메니아는 양보할 수 없다고 했다. 그러나 비콘즈필드는 완고했다. 그렇다면 동지중해에서 지브롤터와 같은 역할을 하는 것을 영국에 보장해 주지 않는 한 전쟁이 있을 뿐이다. 마침 이때 인도에서 비밀리에 이송되어온 부대가 상륙을 개시했다는 뉴스가 들렸다. 이것이 최후의 일격이었다. 러시아는 모든 것을 받아들였다. 터키의 술탄과의 사이에 터키는 영국에게 키프로스 섬을 양보하고 그 대신 러시아가 아르메니아에서 카르스와 바툼의 선을 넘을 경우 영국은 터키를 지켜준다는 협정이 이미 맺어져 있었다. 이렇게 해서 고르차코프는 이처럼 형편없이 변경되어버린 조약을 맺기 위해 회의에 나가게 되었으며 터키는 유럽의 한 세력으로서 남게 되어 슬라브 공세는 저지되었다. 게임은 승리로 끝났다. 결국 한 명의 병사도 잃지 않고 총알 한 방 쏘지 않은 채 얻은 대승리였다. 여행자를 상처 하나 없이 강가에까지 인도한 안내자는 안도의 숨을 쉬며 약간 피로를 느낀다. '훌륭한 안내자지만 약간 모험적'이었다고 브리타니아 양은 생각했다.

비콘즈필드로서 무엇보다도 기뻤던 것은 키프로스를 손에 넣은 일이었다. 30년 전에 그는 《탱크레이드》에서 이 일을 분명히 예언하고 있었다. 이런 식으로 자기 소설이나 자기 몽상을 현실의 역사 속에 끌어들이는 것이 그는 기쁘다. 뿐만 아니라 키프로스 섬은 비너스의 섬이며 사자왕 리처드(1157~1199. 영국 왕)는 이것을 예루살렘의 왕 뤼지냥에게 주어 그는 파포스 백작이 되었다. 그리고 이제 비너스의 도시와 로맨틱한 십자군의 왕국이, 지브롤터, 마르타와 함께 지중해에 있어서의 영국 세력을 완전한 것으로 만들어 준 것이다. 몇 세기나 걸쳐야 하는 대업을 좋아하는 늙은 예술가에게 있어서는 실로 굉장한 날이었다.

베를린 회의

국제회의. 이것야말로 가장 지독한 허영의 도시이다. 우선 각국 안에서 허영스러운 지방 예선이 행해진다. 어느 나라의 수상이나 자기만이 제 나라의 정책을 대표할 수 있다고 생각하고 있다. 어느 나라 외무장관도 수상은 외교에 대해선 아무것도 모른다고 생각한다. 어느 나라 대사나 외무장관도 같은 생각을 하고 있다. 막상 회의가 열리고 대인물들이 마주보게 되면 이것이 제1 바이올린만을 모아놓은 오케스트라인 것이다.

비스마르크는 거물급은 많이 오지 않기를 원하고 있었다. 러시아에서는 슈바로프가 나오기를 기대하고 있었다. 그는 슈바로프를 좋아해서 그와 함께 줄거리의 일부를 세워놓고 있었다. 그러나 고르차코프는 아무도 신뢰할 수 없다고 생각하여 황제를 잘 설복시키고 말았다. 그래서 비스마르크는 그에게 전번의 답례를 해주리라고 마음먹었다. '이번에도 또 내 어깨를 발판으로 그 위에 올라서는 따위의 짓은 시키지 않겠다.' 영국에서도 수상이 몸소 출석하려 하고 있었다. 그 이외에 누가 동방문제를 이해할 수 있을 것인가? 비콘즈필드 경과 솔즈베리 경이 전권위원으로서 임명되었다. 여기저기서 특별열차가 도착했다. 비스마르크는 '회의, 그것은 나다'라고 생각하고 있었다. 브뤼셀에서, 페테르부르크에서 오는 객차의 쿠션에 버티고 앉은 늙어꼬부라진 노인들, 비콘즈필드도 고르차코프도 같은 생각을 하고 있었다.

이 회의는 자유로이 하나의 조약을 토의할 예정이었는데 어느 나라나 미리 비밀 협정을 맺고 나서 왔다. 영국은 러시아와 런던 협약을 맺고 있었다. 터키는 영국에 대한 키프로스 양도는 알고 있어도 영국·러시아 간의 협정은 전혀 몰랐다. 오스트리아는 영국과 독일로부터 칼에 피 한 방울 묻히지 않고 보스니아와 헤르제고비나를 손에 넣을 약속을 얻고 있었다. 프랑스는 프랑스대로 이집트와 시리아는 토론의 범위에 넣지 않는다는 확약을 얻고 있었다. 영국의 민중들은 두려움과 찬탄이 뒤섞인 마음으로 비콘즈필드가 모스크바의 곰과 대결하는 장면을 상상하고 있었으나 사실은 그런 광경이 벌써 몇 번이나 되풀이되었다는 사실에 대해서는 전혀 상상도 못했다.

비콘즈필드 경이 숙소인 카이저호프에 도착해 보니 살롱의 테이블 가득 거대한 꽃바구니와 오렌지와 장미꽃으로 둘러싸인 먹음직스러운 딸기 상자가 놓여 있었다. 이것은 빅토리아 여왕의 딸인 황태자비로부터의 환영의 선물이었다.

그는 여왕에게 감사의 편지를 보냈다.

왕자님이나 공주님의 친절하심에 대해 비콘즈필드는 매우 기쁘하고 있습니다. 이 친절하심도 그가 모든 것을 그의 어깨에 짊어지고 있는 어떤 분의 덕택이 크다고 느끼는 만큼 이것은 그로서는 더욱더 유쾌한 것입니다.

비스마르크의 비서가 방문했다.
"수상께서는 될 수 있는 한 빨리 비콘즈필드 경과 만나고 싶다고 말씀하십니다."
두 인물은 서로 상대방을 알고 서로가 상대를 높이 평가하고 있었다. 16년 전에 그들은 런던에서 만난 일이 있었다. 서로가 총명함과 강한 의지의 소유자임을 인정했던 것이다. 비콘즈필드는 비스마르크가 무척 변했다고 생각했다. 1862년에 그가 본, 가는 허리의 창백한 거구의 이 사나이는 지금은 뚱뚱하고 근엄한 얼굴에는 흰 수염을 기르고 있었다. 그러나 그가 좋아했던 단순하고 현실적인 격조, 약간 까다로운 듯하면서도 난폭하리만큼 솔직한 기세나 섬뜩함을 그 거대한 몸짓에 비해 놀랄만큼 부드러운 목소리로 이야기하는 점은 변함없었다. 비스마르크는 그에게 회의는 엄격한 분위기 속에서 진행할 예정이며 모든 사람의 기분이 상쾌한 처음 며칠 동안은 전쟁의 원인이 될 수도 있는 그런 중요문제를 토의하여야 되지 않겠느냐고 말했다. 따라서 불가리아 문제부터 시작하자는 것이었다. 다음 날 두 시에 처음으로 회의가 시작되었는데 회의 장소인 훌륭한 살롱은 외교관들의 금실로 수놓은 제복과 크고 작은 훈장과 패검(佩劍)에 잘 어울리는 것이었다. 개회에 앞서 모두 식당에 가서 와인도 마시고 비스킷도 먹었다.

　비스마르크는 군대식의 무뚝뚝한 태도로 회의를 진행시켰다. 불가리아를 발칸 산맥에서 두 부분으로 분할하는 문제는 논쟁도 없이 즉각 채택되었다. 그 뒤에는 모든 것이 엉망이 되고 말았다. 러시아는 발칸 산맥의 선을 터키와의 국경으로 인정하면서도 불가리아 안에 남겨진 영토에 터키가 부대를 주둔시켜서 국경을 지키는 권리를 거부하려고 했다. 이것은 런던 협약을 간접적으로 쓸모없이 만들어버리는 것이었다. 이래서는 또 다시 주인 없는 불가리아는 러시아의 마음대로 되고 러시아는 지중해로 진출하게 되는 것이다.

　비콘즈필드는 격렬하게 이를 비난했다. 세인트 페테르부르크는 영국의 의지를 꺾을 수 있을지도 모른다는 환상을 버려야 한다고. 고르차코프는 노하여 그 주장을 고집했다. 비콘즈필드 경은 영국이 낸 조건은 최후통첩이라고 엄숙하게 선언했다. 러시아 사절단은 놀라서 황제에게 밀사를 보냈다. 비콘즈필드는 여왕에게 편지를 썼다.

　　결과에 대해서 저는 걱정하고 있지 않습니다. 영국의 견해가 채택되지 않으면 나는 회의를 그만 두고 돌아가버리겠다고 강력히 말해 놓았습니다.

　최후통첩의 기한이 다하는 날 아침, 운터 덴 린덴의 가로숫길을 비서인 콜리의 부축을 받으며 산책하면서 그는 영국 사절단을 칼레까지 실어다 줄 특별열차를 수배하도록 명했다. 콜리는 이 명령을 독일 철도당국에 전했다. 효과는 즉각 나타났다. 3시 45분에는 비스마르크 공작이 카이저 호프에 모습을 나타내서 콜리에게 말했다.

"비콘즈필드 경을 뵙게 해주시오. 4시에는 사람과 만날 약속이 있으므로 3시 55분이 되거든 알려주시오."

만나면 어떻게든 타협책이 강구되지 않을까 하고 물었다.

"타협책은 런던 협약 때라면 찾을 수 있었겠지만 이제와서 그곳으로 되돌아간다는 것은 우리들로서는 불가능합니다."

"그러면 이것이 최후통첩이라고 해석해야 하는 건가요?"

"그렇습니다."

"지금 황태자께 가야 합니다만 이따가 다시 여러 가지 일에 대해 당신과 이야기할 수 있으면 좋겠습니다. 만찬은 어디서 드시겠습니까?"

"영국 대사관에서 들겠습니다."

"저와 함께 만찬을 드셨으면 좋겠습니다만."

비콘즈필드는 다시 여왕에게 편지를 보냈다.

저는 그의 초대에 응했습니다. 만찬 뒤에 우리는 별실로 들어가서 그가 담배를 피우기 시작했으므로 저도 그렇게 했습니다…… 이런 짓을 해서 저의 건강에 심한 타격을 주었으리라고 생각됩니다만 이것은 절대로 필요하다고 생각했습니다. 이런 경우에는 담배를 피우지 않는 인간은 상대의 말을 탐색하고 있는 듯이 보이는 법입니다…… 한 시간 여에 걸친 회담은 전부 정치적인 것에 대한 것이었지만 최후통첩이 허세가 아님을 그는 분명히 이해하였습니다. 밤에 침대에 들어가기 전에 페테르부르크는 타협하기로 했다는 성과를 알고 저는 만족하였습니다.

다음 날 그는 이런 전보를 런던에 쳤다.

러시아는 터키제국의 유럽에서의 경계선 및 술탄의 군사적 정치적 권리에 대한 영국 안(案)을 수락.

"또한 유럽 · 터키가 생긴다"고 비스마르크는 말했다. "우리는 아무 성과도 없는 일에 10만의 병사와 1억의 돈을 희생했다"라고 고르차코프는 탄식했다.

이 사건으로 비스마르크 공작은 비콘즈필드 경을 매우 높이 평가하게 되었다. "Der alte Jude das ist der Mann"(저 유태인 늙은이, 저것은 인물이다)라고 그는 말했다. 그들은 매우 친숙해졌고 함께 '직업'에 대해 이야기하는 것에 묘한 즐거움을 느꼈다.

문제의 하루가 지나버리자 회의는 이미 형식에 불과했다. 의회에서의 나날과 같았으나 그보다 자극이 강하다는 것뿐, 통풍증세만 없었다면 비콘즈필드에게는 매우 재미있는 시간이었으리라. 비스마르크에게 호의를 느꼈을 뿐 아니라 고르차코프까지 그의 친구가 되어 있었다. '선량함의 덩어리 같은 이 능구렁이에게 무언가를 거부해야 한다는 것은 괴로운 일입니다.' 계절은 '한여름 밤의 꿈'의 계절이었다. 어느 날 저녁은 로코코 문화의 본고장이라고도 할 포츠담에서 놀았는가 하면 다음 날은 터키 대사관에서 만찬회가 개최되었는데 이것은 어떤 만찬회보다도 훌륭한 것이었다. 거기서 나온 필래프는 놀랄만한 솜씨여서 와딩턴씨는 더 청할 정도였다.

그 다음은 은행가인 브라이슈레데르가에서 만찬이 있었는데 여기서는 바그너 음악의 연주로 시종했다. 거리에 나오면 비콘즈필드 경은 사람들로부터 주목받았다. 서점은 그의 소설을 더 부치라고 영국에 전보를 쳐야 했다. 도서관은 타우히니츠 서점에서 그의 전작품을 갖추어서 구입하고 있었다.

회의에 들어간 지 3주째 '폭탄이 터졌다.' 슈바로프와의 아르메니아에 대한 협정이 영국의 신문 〈글로브〉에 의해 폭로되었다. 외무성의 필경(筆耕) 담당자가 이 뉴스를 팔아먹은 것이다. 영국 국민의 동요는 격심했다. 키프로스의 획득은 아직 비밀로 되어 있었다. 러시아의 아시아 침략에 대한 하등의 대상(代償)도 없다고 생각되었다. 신문이 너무 떠들어대므로 영국 대표단은 그 양보를 취소하려고 했다.

"비스마르크가 그것을 잘 조정하는 즐거움을 맛보기 위해 문제를 일으킨 것입니다."

실증적이고 적확한 정신을 가지고 정보를 빠짐 없이 입수하고 있는 비스마르크에게는 케케묵은 이러한 인물들의 야단스러운 싸움은 우스꽝스럽게만 생각되었다. 고르차코프도 비콘즈필드도 지리에는 어두웠다. 고르차코프는 그 자신의 말에 의하면 대국을 보는 것과 '대충 선을 긋는 것'을 좋아했으나 결국은 이런 저런 불평만 늘어놓을 뿐 정작 지도 앞에 서서는 바툼을 찾아내지도 못했다.

그러므로 슈바로프는 상사인 대신이 아시아의 국경문제에 관해서 몸소 이 일을 맡아서 비콘즈필드와 직접 교섭하자고 말했을 때 송구스러움을 느꼈다.

슈바로프가 이 일을 솔즈베리 경에게 말했을 때 경은 이렇게 말했다.

"무슨 말씀이십니까 백작. 비콘즈필드 경은 교섭 같은 것은 할 줄 모릅니다. 그는 소아시아의 지도는 한 번도 본 적이 없으니까요."

몇 시간 후, 양 대표 사이에서 완전한 합의를 보았다는 것을 알고 회의참가자들은 기뻐했다. 비스마르크 공작은 총회를 소집했다. 비콘즈필드 경과 고르차코프는 두 사람 사이에서 합의를 본 경계선에 대해 설명하기 위해 서로 나란히 앉았다. 각자가 새로운 경계선의 지도를 내놓았으나 두 개의 지도는 달랐다. 도대체 어떻게 그렇게 되었는지 전혀 알 수 없었다. 슈바로프가 말하는 바에 의하면 고르차코프는 본국의 수뇌부에서 두 개의 경계선도(境界線圖)를 받았는데, 그 한 쪽은 러시아가 희망하는 선, 또 한 쪽은 양보할 수 있는 최소한도의 선을 표시한 것으로 그는 허술하게도 후자를 비콘즈필드 경에게 건네주었던 것이다. 콜리는 러시아의 대신이 협약을 맺은 뒤에 영국 사절단을 속이려 한 것이라고 믿고 있었다. 어쨌든 두 사람 다 병들고 쇠약한 노인이 격렬한 기세로 먼저 한 말을 부인하려고 노력하는 모양은 무척 우스꽝스러운 것이었다. 비스마르크는 고소를 머금고 30분의 휴회를 제안했다. 이 막간 동안에 슈바로프·솔즈베리·호헨로에 공은 문제의 해결을 모색하라는 것이었다. 이것은 잘 되어서 중간의 선을 취하기로 의견이 일치되었다.

다음 날 영국측은 키프로스에 대한 협약을 공표했다. 이번에는 영국 여론이 열광했다. 근동(近東)의 이 근거지를 획득한다는 것, 지중해에 또 하나의 영국령이 느다는 일에 사람들은 기뻐 날뛰었다. 과연 디즈레일리 취향의 대담한 이 '일격'에는 외국에서도 감탄했다. 〈쥬르나르 드 데바〉(프랑스 신문) 신문은 이렇게 썼다.

"영국의 전통은 사멸해버리지 않았다. 그것은 한 여성과 한 노정치가의 정신 속에 아직 살아있다."

교섭단의 런던 귀환을 환영하기 위해 대단한 환영식이 준비되었다. 차링 클로스의 정거장은 회의에 참가한 모든 나라의 국기로 채색되었다. 플랫폼과 역 주위는 종려나무와 제라늄꽃으로 장식되었다. 장미꽃 장식이 모든 기둥에 걸리고 엄청난 군중이 대기하고 있었다. 수상이 객차에서 내리자 노산바랜드, 사잘랜드, 아바콘, 베드포드 등의 여러 공작과 런던 시장과 주지사들이 인사를 했다. 존 매너즈도 있었고 위대한 로버트 피일의 아들인 서 로버트 피일도 보였다. 귀족과 그 부인들과 의원들 사이를 노인은 솔즈베리 경의 팔에 의지하여 겨우 지나갔다.

역을 나오자 대단한 갈채로 환영받았다. 트라팔가 광장은 사람의 머리로 쫙 깔려 있었다. 모자와 손수건이 흔들리고 여자들은 차 속에 꽃다발을 던져 넣었다. 빨강 천이 깔려 있는 다우닝 스트리트의 관저에 와 보니까 여왕에게서 보내온 커다란 꽃다발이 기다리고 있었다. 갈채가 멎지 않으므로 그는 솔즈베리 경과 함께 발코니에 나와서 군중에게 이렇게 말했다.

"우리는 여러분에게 평화와 명예를 가지고 돌아왔다고 믿습니다."

며칠 후 오스본에서 그는 여왕 앞에 꿇어앉아 그 손으로부터 가터 훈장 청수(靑綬)를 받았다. 여왕은 그에게 이렇게 말했다.

"남녀노소를 막론하고 모두 대단히 열광하고 있습니다. 다만 글래드스턴 씨만은 예외여서 그는 분해서 어쩔 줄을 모릅니다."

줄루족과 홍수

비콘즈필드 경이 베를린 회의 직후에 선거를 실시했다면 다시 6년간은 정권 위에 앉을 수 있었을 것이다. 그러나 의회의 선거까지는 아직 2년이 남아 있었다. 각의에서 의논한 결과 기한까지 이대로 계속하기로 되었다. 그러나 이것은 운명의 여신의 호의를 과신한 행동이었다. 국민이란 자신들의 영광에 곧 싫증을 내는 법이다. 민의(民意)는 국민의 마음에 들어 있을 동안에 다짐해 두어야 한다.

개선한 지 수 주일 후, 저 먼 곳의 구름의 행방이 조금 이상해졌다. 이미 벌써부터 러시아는 아프가니스탄의 태수(太守)에게 아첨하고 있었는데 아프가니스탄의 산이 많은 영토는 인도의 여러 항구를 꽉 쥐는 요지였다. 러시아는 태수와 전면적으로 협정하여 그 수도인 카불에 사절을 보내고 있었다. 인도 총독인 리튼은 이 성공을 시샘하고 있었다. 수상이 친구의 아들에게 이 지위를 골라준 것은 리튼이 상상력과 야심과 강한 의지를 갖고 있었기 때문이었다. 그러나 그가 이

러한 성질을 좀 지나치게 갖고 있다는 것이 그 뒤의 경과로
드러났다. 온건하게 교섭해서 러시아로 하여금 사절을 소환
해가게 하려고 생각하고 있는 당수의 의사에 반대하여 그는
독단으로 카불에 영국 사절을 보내려고 했다. 태수가 리튼이
파견한 사절을 아프가니스탄의 입구에서 저지하였으므로 비
콘즈필드는 갑자기 야만적인 소군주 앞에 부끄럽게도 머리
를 숙이느냐, 아니면 위험한 전쟁을 시작하느냐 하지 않으면
안 될 처지에 몰리고 말았다. 그는 격노했다.

"총독이나 총지휘관이 위로부터의 명령을 배반하고 무언
가 할 때에는 적어도 그 성공만은 확실해야 되는 것이다."

글래드스턴과 그 친구들은 또다시 부당한 전쟁이라고 외
치며 비콘즈필드의 매우 호전적인 정책에 항의했다. 그리고
이번에는 나라 안이 이에 호응하고 있다고 비콘즈필드는 사
려깊은 사람들로부터 충고를 받았다. 리튼의 행위를 인정하
지 않고 부하를 못 본 체하면서 정부의 무책임을 증명할 것
인가? 그것은 수상의 방침에 전혀 어긋나는 일이였다. 리튼
은 질책당했으나, 그러나 지원은 해주어서 로버트 장군이 태
수의 군대를 패주시켰다. 승리를 거두자 세상의 관습대로 반
대론은 사라지고 국민은 다시 그를 신뢰했다.

대제국의 통치에 관여하고 있는 몸으로서 감당하기 힘든
것은 세계의 어느 구석에서 언제 어떤 큰 분쟁이 일어날지
모른다는 일이었다. 아프가니스탄의 연기가 아직도 사라지
지 않았는데 이번에는 남아프리카에 불이 붙었다. 남아프리
카에서는 케이프타운의 영국인, 트랜스발의 네덜란드계 보

아인, 줄루랜드의 흑인, 이 세 개의 적대하는 세력이 오랫동안 병존해 왔다. 캐나다에서 서로 대립하는 여러 주를 하나의 자치령으로 연합시키는 데 성공한 식민지장관인 카나본은 한번 성공을 맛본 사람의 통례로서 자신의 방법이 어떤 경우에도 효과를 갖는다고 믿고 있었다. 그는 전우주라도 합쳐서 하나의 연방을 만들 수 있다고 믿고 있었다. 그는 남아프리카를 연방화하려고 먼저 트랜스발을 병합했다. 그래서 줄루인은 호적수를 잃고 말았으므로 영국인에게로 창끝을 돌려댔다. 영국 부대의 지휘를 맡고 있던 체름스포트 경이 자신과잉으로 군대를 잘못 움직여서 비참한 꼴을 당했다는 뜻밖의 소식이 별안간 사람들의 귀에 들려왔다. 체름스포트 경의 사령부가 포위되고 천오백 명이나 되는 사람이 포로가 되기도 하고 살해되기도 했다. 이번에도 국민은 분노하기 시작했다. 보수당 내각이 '평화와 명예'를 가져다 주는 동안에는 국민도 갈채를 보냈다. 그러나 자기 나라가 세계의 구석구석에서, 시시하기 짝이없는 전쟁에 말려들고 있는 것을 보자 존 부루는 글래드스턴이 식민지의 위험을 역설하고 정적의 정책이 미치광이 같다고 말한 것은 잘못이 아닌 것 같다고 생각하기 시작했다.

1879년 8월이 되자 겨우 모든 것이 잘될 듯이 보였다. 터키 영토에는 이제 러시아군은 한 명도 남아 있지 않았다. 인도 방면에서는 영국의 사절이 카불에 영접되었다. 남아프리카에서는 월즈레이가 줄루족의 수령을 포로로 잡았다. 내각으로서는 이제 유일한 위험은 악천후뿐이었으나 이것만은 로버트도 웰즈레이도 어쩔 도리가 없었다. 다섯 번째의 흉년이 또 올 참이었다. 휴엔덴에서는 밤낮으로 비가 계속되었다. 비콘즈필드는 호우 속을 뚫고 돌아다니면서 깊은 진흙탕에 빠져가며 농부들에게 물어보았다.

"비둘기는 방주(方舟)를 떠났는가?(구약 창세기, 노아는 방주에서 비둘기를 내보내서 홍수가 빠졌는가를 살폈다)."

공작새들은 반쯤 시들어서 그 깃털도 거의 빠져버렸으나 잃어버린 아름다움을 아직도 자랑하는 듯 여전히 뽐내며 걸어다니고 있었다.

그때 돌연 수상에게 무서운 소식이 전해졌다. 카불에 파견되어 있던 영국 사절이 학살당했다는 것이다. 너무나 불길한 조짐이었다.

외부세계

"착실한 자가 항상 진실하다고는 할 수 없습니다"라고 비콘즈필드 경은 여왕에게 쓴 일이 있지만 '도덕적으로 보이는 자가 언제나 도덕적인 것은 아닙니다'라고 그는 기꺼이 덧붙였을지도 모른다. 그러나 영국의 유권자는 진실하고 도덕적이므로 사실문제를 양심의 문제인 것처럼 제출할 줄 아는 자가 그 표를 얻는다──적어도 시골에서는.

선거는 결국 비콘즈필드 경과 글래드스턴 간의 결투였다. 런던에서는 두 사람 중 비콘즈필드가 평판이 좋았다. 토리 당원뿐 아니라 온건한 자유주의자들마저도 그에 대한 신뢰와 글래드스턴에 대한 혐오를 드러내고 있었다. 도시의 소시민들 간에는 그는 모르는 사람이 없는 존재였다. 그가 마차를 타면 그 마부는 "당신이 누군지 알고 있습니다. 각하, 당신의 책은 전부 읽고 있습니다"라고 그에게 말하는 것이었다. 아스트라한 모피의 깃이 달린 외투를 수척한 몸에 가볍게 걸치고 그가 귀족원에서 돌아올 때나 충실한 콜리의 팔에 의지하여 가끔 멈춰서서 숨을 돌리고는 하이드파크를 지나갈 때 지나가던 사람은 그가 누군지 알아차리고 이미 노쇠하였지만 아직도 인생을 슬픈 듯이 조용히 지켜보기를 그치지 않는 이 노인의 용기에 감탄하는 것이었다. 때로는 금빛 안개 속에 손님을 끌려고 나와 있는 젊은 매춘부가 그의 모피 깃에 이끌려 다가와서는 그 잔잔한 슬픈 제안을 속삭이는 것이었다. 그러면 노대신은 가까스로 모자에 손을 대고 매우 공손하게 "오늘 밤은 안 됩니다. 아가씨, 오늘 밤은 안 됩니다" 하고 대답하는 것이었다. 거의 모든 계급에서 여성은 누구나 그의 편이었다. 매춘부가 모여서 저녁을 들고 있을 때 "글래드스턴과 디즈레일리 중에 누구와 결혼하고 싶니?"라는 질문이 나온 적이 있었다. 잘 생긴 여자들은 모두가 디즈레일리를 택했으나 한 사람만 "글래드스턴"이라고 말했다. 모두 함성을 올리자 "기다려 봐" 하고 그녀는 말했다.

"내가 글래드스턴과 결혼하고 싶다는 것은 그와 결혼한 후 디즈레일리에게로 가면 글래드스턴이 어떤 꼴을 하는가 보고 싶기 때문이야."

이 만찬회에 참석했던 어느 젊은 귀족이 이 말을 비콘즈필드에게 전하고 그의 인기가 널리 퍼져 있는 것을 치하하면서 이렇게 말했다.

"당신은 물론 만족하시겠지요. 어제 여왕님을 뵈었더니 당신을 우리 왕국 최고의 인물이라고 말씀하고 계셨고 또 무회들을 만나도 모두 당신 칭찬이 자자합니다."

노인의 무감동한 얼굴이 조금 밝아졌다.

"물론 만족합니다."

라고 그는 말했다.
"아시다시피 나는 모든 여성에 대해 다정한 마음을 갖고 있으니까요."
그러나 그가 각의가 끝난 후 이런 이야기를 했으나 대신들은 냉담한 태도로 서로 마주볼 뿐이었다.
보수당은 괴멸했다.

이 2주일 동안의 큰 변화로 머릿속이 아직 멍멍합니다만 이 큰 변화는 교양있는 사람 대다수가 기뻐하는 바라고 나는 확신하고 있습니다.

라고 글래드스턴은 쓰고 있다. 이 나무꾼은 영국이라는 미덕의 목장에 6년간이나 무성하게 자라 그 독을 가진 잎을 널리 퍼뜨려온 이국의 불건전한 식물을 뿌리째 넘어뜨리려 하고 있었다. 벌써 힘에 넘친 그 팔소매를 팔뚝까지 걷어붙이고 있었다.

비콘즈필드는 패배를 조용한 마음으로 받아들였다. 이로써 죽기 전에 수목과 서적에 둘러싸여 한동안 휴식을 맛볼 수 있었다. 다만 이 혼란한 시국에 임하여 외교문제를 다른 사람에게 맡긴다는 것, 그리고 특히 여왕의 곁을 떠나는 것이 마음에 걸렸다.
'선녀'는 이때 바덴에 가 있었으나 이 통지를 믿을 수 없었다. 선거 결과가 확실해지자 그녀는 즉시 전보를 쳤다. 그는 즉시 답장을 보냈다.

인생은 내게 권태와 고통뿐입니다. 이번 일은 나라 전체의 불행이라고 생각합니다. 비콘즈필드는 폐하와 이야기를 나누고 제왕으로서의 상담 이외에 그 가정의 비밀 이야기까지 들려주시는 것은 저에게 더없이 기쁜 일이었으나 그것도 이젠 할 수 없게 된 것은 저로서도 퍽이나 쓰라린 일입니다.

여왕은 그에게 그녀를 버리지 말고 사적인 일은 물론 공적인 일에 대해서도 아무도 모르게 조언해 주도록, 즉 퇴진하더라도 영국의 운명을 지켜주도록 약속을 받았다.

여왕과 수상은 글래드스턴을 피할 수가 있지 않을까 하고 단순히 생각하고 있었다. 결국 공식적인 당수는 그랜빌과 허칭턴이었으므로 여왕은 이 두 사람, 그 중에서도 야당으로 있을 때 나무랄 데가 없었던 허치=터어치를 즐겨 부르신다고 해도 그것은 정당한 일이었다. 젊은 대의원인 허칭턴이 자신의 처녀연설 도중에 하품하는 것을 본 이후 디즈레일리도 그가 마음에 들었었다. 그러나 글래드스턴은 겸손하지만 단호한 태도로 이 너무도 단순한 생각을 꺾어버리고 말았다. 그랜빌과 허칭턴은 그와 회담해 본 결과 분명하게 언명하지는 않았지만 그의 의도는 자신이 수상이 되지 않는 내각은 전부 부숴버릴 작정임을 깨달았다. 여왕은 체념하지 않을 수 없었다.

그리하여 정치를 통한 달콤한 우정도 마지막을 고했다. 최후의 알현은 슬펐다. 여왕은 늙은 벗에게 브론즈로 된 그의 작은 상(像)과 그의 망아지의 석고상을 주었다. 비콘즈필드는 여왕의 양손에 입을 맞추었다. 여왕은 편지를 자주 쓸 것, 만나러 올 것 등을 그에게 약속받았다. 그녀는 무언가 오래 간직할만한 표적을 주어서 감사의 마음을 표시하려고 공작 작위를 하사하려 했으나 그는 국민들 앞에서 패배를 맛본 후라 그것은 수락할 수 없다고 생각했다. 그는 몬타규 콜리에게 귀족의 자리를 주기를 바랐다. 그래서 콜리는 로턴 경의 지위를 얻었으나 이것은 개인의 비서로서는 전례없는 영예였다.

"카리귤라 황제가 그의 말에게 총독의 지위를 준 이래 이런 일은 한 번도 본 적이 없다"
고 시샘하는 자들은 말했다.

비콘즈필드는 약속을 지켜 가끔 여왕을 만나러 갔다. 정권을 떠난 지 수 주일 후 처음으로 윈저에서 만찬을 들었을 때 "오늘 밤은 너무 기뻐서 여태까지의 일이 모두 무서운 꿈이었던 듯합니다" 하고 여왕은 그에게 말했다. 여왕은 싱싱하고 매력적이며 아름답다고 해도 좋을 만했다.

자기는 그녀를 무척 사랑하고 있다는 것을 그는 다시 한번 확인하는 것이었다. 여왕은 그에게 계속 편지를 썼다. 어떤 때는 단지 "당신을 생각하고 있습니다 —— 그것도 줄곧 말입니다 —— 만찬 후에 벽에 걸려 있는 당신 초상이 나를 바라보고 있는 것을 보면 기쁩니다" 하는 따위의 다정한 말을 전하기 위해서였지만 어떤 때는 법률을 무시하고 그에게 국사에 대한 이야기를 하기 위한 때도 있었다. 그는 이 일에 있어서는 굳게 비밀을 지켰으므로 여왕이 그 때문에 곤란한 처지에 빠지는 일은 결코 없었다.

그는 여태까지의 생애에서 언제나 규칙적인 리듬으로 행동에서 창조로 옮겨왔는데 이번에도 이 나이로 작품을 만들려고 했다. "소설을 읽고 싶다고 생각하면 나는 스스로 소설을 씁니다." 사실 그가 좋아할 소설을 그를 위해 써 줄 사람은 없었다. 이번에도 야심적인 주인공이 왕실의 은근한 비호 아래 마지막 페이지에서 수상의 자리까지 오르지 않으면 안 되는 것이었다. 《엔디미온》은 여성의 우정으로 그 성공을 모두 획득해가는 어느 젊은 정치가의 이야기였다. 첫머리부터 완전무결한 누이가 등장하는데 이것은 가엾은 사라를 슬쩍 재생시킨 것이었다. 그리고 아름다운 여성의 공모자들이 무력한 엔디미온을 다우닝 스트리트 쪽으로 밀고 가는 것이 전편에 그려져 있었다. 이 작품에는 결점도 있었으나 이 노인의 청춘에 대한 동경이 에누리없이 강렬한 형태로 나타나 있는 것이 매력이었다.

로턴 경이 판권을 파는 교섭을 맡아주어 이 책으로 1만 파운드의 돈이 수중에 들어왔다. 비콘즈필드 경은 런던에다 새로 9년 계약으로 집을 빌리고 이 돈으로 가구를 비치했다.

"이 계약으로 내가 세상을 떠날 때까지는 끄떡없겠지."

소설은 호기심으로 받아들여졌으나 《로테일》만큼 대성공은 거두지 못했다. 출판사가 비콘즈필드에게 이래서는 손해라고 말하자 그는 관대하게도 즉각 계약을 파기하자고 제안했다. 롱먼은 이것을 거절했으나 염가판의 출판으로 손해액은 보충이 되었다.

비콘즈필드는 76살이 되었다. 권력을 좇는 일도 이제 그에게는 매력이 없었다. 그런 것에 가치가 있으리라고는 이미 믿고 있지 않았다. "이제까지 살아오는 동안, 행동이란 무엇인가 하는 것을 조금은 알았다"고 그는 말했다.

"결국 그것은 희망의 덧없는 환멸과 에너지 낭비의 생활인 것이다."

추억의 들판에 떨어진 이삭을 주워보니 겸양의 가르침을 잔뜩 얻을 수 있었다. 휘그당이 최대의 힘을 기울여서 선거법 개정안을 통과시키려고 노력한 그 최초의 결과가 그들을 권력에서 밀리하게 된 것도 보았고 토리당은 이 개정을 두려워하고 싫어했는데도 이 개정의 확대를 자기 당의 승리라고 생각하는 것도 보아왔다. 피일이 캐닝을 타도해놓고 그 뒤에 가톨릭교도를 해방시키는 것도 보았다. 디즈레일리가 피일을 넘어뜨린 뒤에 보호정책을 버리는 것을 보았다. 전에는 비콘즈필드를 매도하던 글래드스턴이 이제는 러시아를 위협하는 것도 보고 있다. 군중이 웰링턴에게 갈채를 보내고 이어 이를 욕하고 비웃는 것을 보았으며 글래드스턴에게 갈채를 보내다가도 이를 욕하고 다시 이에 감탄을 바치는 것도 보았다. 대신 중에서도 가장 평화적인 인물이 가장 호전적인 정책을 취하는 것이나 가장 친독적(親獨的)인 여왕이 비스마르크를 골려주는 것을 낙으로 삼고 있는 것을 보았다. 그리고 자신이 베를린에서 취한 정책은 50년 후에는 어떻게 되어있을 것인가?

그 자신은 아직도 청년시대의 사상에 놀랄만큼 충실하며 1880년의 자기 정책은 코닝즈비의 서명이 있어도 우습지 않다고 생각하고 있었다. 그러나 코닝즈비의 시대에는 그는 천재적인 개인으로서의 힘은 거의 무한하다고 믿고 있었으나 이제 와서는 외부세계의 거대한 힘을 인정하게끔 되어 있었다. 낙담한 것도 아니고 남을 낙심시키려는 것도 아니고 겸손하게, 무던히 겸손해진 것이다. 디프딘의 나무그늘에서 스미스와 매너즈와 디지는 위대한 교회와 젊은 귀족의 지지 아래 영국을 개조할 수 있다고 생각했다. 이제 늙은 비콘즈필드의 눈으로 보면 교회야말로 서로 시샘하는 고위층 신부와 사교직을 노리는 사람들과 서로 미워하는 파벌의 모임이며 젊은 귀족들 중에서 때로는 멋있는 친구를 만날 수 있었다고는 하지만 자기가 그렇게도 애정을 쏟아서 묘사한, 선천적으로 남의 지도자가 될 사람들의 집단 같은 것은 발견할 수 없었다. 국민 전체 앞에 로맨틱한 이상상(理想像)을 보여주려고 했으나 그는 실패했던 것이다. 그는 정신적으로 귀족주의자였으나 영국이라는 나라의 성격은 본질적으로 중산계급에 의해 대표되는 것이므로 그의 실패는 당연한 것이었다.

그러나 실패라고는 해도 상대적인 것에 불과했다. 이 실패를 비극적인 지성의 차질이라고 해석되어지는 것만큼 그에게 섭섭한 일은 없었을 것이다. 그는 하나의 대정당을 완전히 개조했다. 역사적인 힘과 개혁을 구하는 힘 사이의 균형을 재건했다. 그의 덕분으로 영국은 금후 정권교체의 건전한 리듬을 알게 될 것이다. 그의 일생은 헛되지 않았다. 다만 그는 더욱 더 말조심을 하고 그 안에 깊이 감추어진 현실의 모습을 찾게끔 되었다. 그는 차츰 개인 안에, 또한 국민 속에, 즉 충분한 진화를 성취하여 하나의 개인처럼 되어 있는 국가 속에서만 현실의 모습을 확인하지 않도록 점차 변해갔다. 이

만년의 그를 가리켜서, 휘그, 그것도 가장 자유주의적인 휘그가 되었다는 정치철학자가 있었으나 사실은 단지 성실성을 유지하기 위해서만 그는 당을 떠나지 않았던 것이다. 묻는 자에 대해서는 소론(기원전 640~558. 아테네의 입법관)처럼 이런 대답을 즐겨 했을 것이다. "가장 좋은 정체(政體)란 어떤 것입니까?" —— "누구를 위한, 그리고 언제 말입니까?"

그리고 그는 인생의 멋있는 모험에 대한 호기심을 그대로 가지고 있었다. 그는 행동의 유효성을 한번도 의심한 적은 없었으나 다만 그것이 절도를 지키고 한도를 알기를 원하게 된 것이다. 다만 대계획 같은 건 믿지 않게 되었다. '그는 유니크하며 흥미 있는 존재였다 —— 이미 로맨틱한 환상에 현혹되지는 않지만 그래도 이것을 재미있어하는 로맨틱한 노인. 정열적인 견유주의자(犬儒主義者)이다.' 어느 면으로는 그의 노년의 생활은 청춘시절보다 행복했다. '젊었을 때는 무엇이든 중대하고 돌이킬 수 없는 것처럼 생각된다. 나이를 먹으니까 좋든 나쁘든 무엇이든 어떻게든 수습된다고 깨닫게 된다.' 여전히 호기심이 강하고 새로이 알게 된 사람들에게 둘러싸여 있는 것을 좋아했다. 무척 공을 들여가며 젊고 총명한 사람들을 보수당에 참가시켰다. "젊고 활동적인 인물을 늘 물색하지 않으면 정당은 못쓰게 되고 만다"고 그는 말하는 것이었다.

1881년에 영국의 일류 사회주의자의 한 사람인 하이드만 씨가 비콘즈필드 경에게 회견을 신청했다. 무척 기묘한 일로 생각될지 모르나 그는 경을 자기 편에 서게 함으로써 노동관계의 몇몇 법안에 관해 보수당의 지지를 얻으려고 생각했던 것이다. 그는 《시빌 》을 읽고 연로한 당수가 하층 민중에 대해 공감하고 있다는 것을 느꼈던 것이다. 회견은 승낙되고 그는 빨강과 금색으로 장식된 벽과 번쩍이는 빨간 공단을 씌운 팔걸이 의자가 비치된 살롱에 안내되었다. 하이드만이 잠깐 기다리고 있으니까 문이 열리고 기괴한 실루엣이 나타났다. 빨간색 긴 실내복을 입고 빨간 터키 모자를 쓴 노인으로 머리는 가슴 위로 숙이고 한쪽 눈은 완전히 감고 또 한쪽은 반쯤 뜨고 있었다. 터키 모자 아래에는 검은 곱슬머리 몇 가닥이 고운 곡선을 보이고 있었다. 쇠약해 보이고 피로를 절실히 느끼게 했으므로 젊은이는 처음 절망적이라고 생각했다. '아아!' 하고 그는 생각했다. '너무 늦었다! 저 눈꺼풀을 뜨게 할 수조차 있을까? 빈정대고 피로한 듯한 경구 이외의 답을 끌어낼 수 있을까?'

노인은 자리에 앉았으나 전혀 움직이지 않고 말도 없었다. 그는 기다리고 있었으나 조상(影像)에게 말을 걸기는 힘들었다. "비콘즈필드 경" 하고 하이드만은 조심스럽게 말했다.

"'평화와 명예'라는 것은 이미 사문(死文)이 되었습니다. '평화와 안락' 이야말로 민중이 듣고 싶어하는 말이었습니다."

그러자 한쪽 눈썹이 치켜졌다.

"'평화와 안락' 이라는 문구는 나쁘지 않군요."

그렇게 말하면서 그는 양쪽 눈을 뜨고 미소를 지었다.

"하이드만씨, 당신은 이 문제에 대해서 뭔가 생각이 있으신 모양이라고 나는 생각하는데요? 안락이라는 말은 어떤 의미로 사용하시나요?"

"많은 먹을거리, 충분한 음료, 쾌적한 주거, 완전한 교육, 그리고 만인을 위한 충분한 여가입니다."

"완전한 유토피아 말인가요? 아름다운 꿈, 그렇습니다…… 그 정책을 실현할 가능성이 조금은 있다고 생각하십니까? ……보수당으로는 안 됩니다, 절대로. 당신이 행동으로 옮기려는 순간에, 남성도 있지만 때로는 여성의 대가족 무리에 둘러싸여서, 덕분에 언제나 실패하고 맙니다…… 이 영국이라는 나라는, 하이드만씨도 아시겠지만 움직이게 하기가 매우 어려운 나라입니다. ……이 나라에서는 성공보다도 낙담을 예기하지 않으면 안 되는 일이 많습니다. ……이 정도의 일은 할 수 있습니다. ……(처음에 서로 마주 쥐고 있던 비콘즈필드 경의 양손이 1인치 정도 펴졌으나 무척 힘드는지 노 대신은 이것을 펴는데 세계를 들어올리기나 하는 듯했다) 이 정도면 아직 가능합니다…… (그는 1인치 더 폈다) 그러나 이 정도가 되면 절대로 안 돼요……."

미라처럼 살이 빠진 양손을 좀더 펴려는 최후의 노력은 보람도 없이 그의 손이 무릎 위에 떨어졌다.

가장 사랑하는 꽃

휴엔덴 · 고독 · 책 · 추억.
"2주일 동안 사람과 이야기한 적이 없습니다."
라고 그는 류트란드 공작부인에게 써 보냈다. 그는 이곳에서 커다란 안식을 맛보고 있다.

3주일 동안 어쨌든 누구와 이야기한 적이 거의 없습니다. 그러나 여름을 시골에서 보내는 즐거움은 내게는 언제나 새롭습니다. 공작은 푸른 잔디 위에서 가만히 햇볕을 쬐고 있습니다. 움직이지 않고 소리도 내지 않는 것은 고마운 일입니다. 아침에 그들은 날개를 펴고 돌아다니며 울부짖고 장난도 치고 싸움도 합니다.

그도 또 자기의 늙은 몸에 햇볕을 쬐는 것을 좋아하고 저녁 무렵 박쥐가 회색 모습을 미끄러지듯 춤추기 시작하는, 저 셰익스피어가 좋아하는 시간에 아련한 별빛 아래 종종걸

음치는 것을 사랑하고 있다. 그는 제비꽃이나 앵초에서 치자꽃과 난초에 이르기까지 언제나 갖가지 꽃에 둘러싸여 있었다. 꽃 다음으로 그는 아이들이나 여성에게서 가끔 볼 수 있는 아름다운 얼굴, 음악적인 목소리, 비현실적이고 야성적인 우아함을 사랑하고 있다. 젊었을 때 그는 인생이 광영(光榮)에 찬 긴 행렬이기를 바랐다. 그것은 실현되었다. 이제는 빛나는 행렬에도 지쳐서 그는 조용하게 가만히 있기만을 바라고 있다. 절박한 토론이 있어서 귀족원에 불려가도 그는 저녁 일찍 돌아온다.

뻐꾸기의 묵직한 목소리와 산비둘기의 구구 하는 울음소리와 장밋빛 산사자(山査子)의 불타는 듯한 색깔의 매력을 나는 거역할 수 없습니다······.

그는 1880년의 크리스마스를 휴엔덴에서 홀로 보냈다. 식탁으로 갈 때는 책을 한 권 가지고 가서 식사를 한 후 10분쯤 읽었다. 60년내내 그의 마음에 들었던 베네치아 공화국의 역사일 때도 종종 있었고 그가 점점 좋아하게 된 루키아노스·호라티우스·테오크리토스·베르길리우스 등의 고전일 때도 가끔 있었다. 떡갈나무 판자의 식당, 그의 정면에는 폰 안젤리가 그린 여왕의 초상이 걸려 있었다. 그 '선녀'의 모습은 약간 우아함이 없어 엄하게 보였다. 그는 도서실 난로 곁에 가 앉아서 또 조금 독서를 하다가 눈을 감고 몽상에 잠겼다. 해묵은 주목(朱木) 숲에서 부엉이가 소리를 지르면 그에게는 참으로 그리운 메리 앤의 피로에 지친 파리한 모습이 눈에 떠오르는 것이었다. 그녀가 주저하는 기색도 없이 하염없이 지껄이는, 저 소녀처럼 쓸데없는 수다를 듣는 것 같았다. 장작개비 하나가 타내려앉았다. 노인은 탁탁 튀는 불꽃 속에서 불을 지핀다. 그것은 인생의 빛나고도 허무한 모습을 나타내고 있다. 이미 50년 이전의 일이지만 흰 모슬린 커튼을 친 작은 살롱에서 그는 쉐리단가(家) 여자들의 황홀할 만큼 아름다운 얼굴이 주위에서 웃는 것을 보았다……캐롤린 노튼…… 검은 땋은 머리칼과 제비꽃색 눈을 가진 그녀는 얼마나 아름다웠던가……그녀는 최후까지 아름다웠다.

"그래요, 나는 관 속에 들어가서도 아름다울 겁니다."

그렇게 말한 그녀는 벌써 3년 전에 괴로운 인생을 마치고 관 속에 들어갔다. 그녀는 만년에 이렇게 말하고 있었다.

"사랑, 인생에 있어서의 사랑…… 그것을 생각하면 나는 언제나 브라이턴의 늙은 여지주(女地主)가 내게 이렇게 말한 것이 생각납니다. ── 당신은 한 집안에서 생활합니다. 그렇습니다. 그러나 그 이외의 것은 전부 엑스트라인 것입니다…… 정말로 사랑은 인생에 있어서는 엑스트라인 것입니다…… 그리고 엑스트라에게는 요금을 지불해야 합니다."

늙은 여성은 진실을 꿰뚫어 본다……여왕마저도 이렇게 말하고 있다.

"나이를 먹어갈수록 더욱더 이 세상이 어려워집니다. …… 이 세상의 치사스러운 일들을 이해할 수 없습니다…… 천박한 짓거리들을 많이 보면 우리는 모두 정신이 약간 어떻게 된 것은 아닌가 하고 여겨질 정도입니다."

…… 우리는 모두 약간 정신이 이상하다. …… 이를테면

그 자신이 일생 동안 바란 것은…… 도대체 무엇이었던가? 무엇이 그에게 참된 행복을 주었던가? 메리 앤의 감사의 눈초리, 매너즈와 벤치크의 아름다운 우정, 늙은 더비의 신뢰를 받은 일, 여왕의 신임을 받은 일, 레이디 브래드포드의 미소…… 괴로운 듯 신음하며 낮은 목소리로 "꿈이다…… 꿈이다"라고 자신에게 중얼거리면서 불을 지피고 있는데 젊은 비서가 갑자기 나타나서 놀란다.

그는 자기 방으로 올라간다. 그는 자기 일생을 장식해 준 사람들의 초상을 홀과 계단에 장식해 놓고 기뻐하고 있었다. 그는 이것을 '우정갤러리'라 부르고 있다. 천천히 가까스로 올라가는 그는 하나하나의 화면 앞에서 잠깐씩 멈추게 된다…… 여기엔 레이디 브래드포드의 긴 곱슬머리가 그 작은 얼굴을 둘러싸고 있다…… 루이 나폴레옹의 꿈꾸는 듯한 눈과 중후한 얼굴…… 디지가 직접 보지는 못했으나 자기를 만들어 준 바이런…… 이것은 치타와 그 고올 풍의 긴 수염이다…… 도르세이가 그린 린드 허스트의 단정한 얼굴…… 그리고 그 도르세이 자신은 검은 턱수염이 목걸이같다…… '아아! 아아! 자넨가!'……브래드포드…… 메리 더비…… 이제 계단은 끝이다.

12월 31일, 그는 런던에 돌아왔다.

나는 많은 사람과 만나서 인간의 고귀한 목소리에 익숙해지려고 노력하고 있습니다. 그러나 지금까지 살아온 깊은 고독의 생활에서 나와 귀족원에서 기울어져가는 제국에 대해 연설하는 것은 쉬운 일이 아닙니다.

늘 천식으로 괴로움을 당하는 만큼 이야기하는 것은 고통스러운 일이었다. 자유당의 당수 그랜빌은 언제나 그렇게도 참을성 있는 그가 난폭하다고 할만한 투로 연설을 하게 해달라고 요구하는 사실에 놀랐다. 그랜빌은 약간 매몰찬 태도조차 보이면서 거부했다. 비콘즈필드는 말없이 이 가혹한 거절을 감수했다. 그러나 뒤에 로턴 경이 그랜빌에게 설명한 바에 의하면 늙은 병자는 이미 마약을 써서 간신히 이야기하는데 필요한 동안 발작을 누르고 있지만 그것이 한 시간밖에 지속되지 않는 것이었다. "설명하는 것은 어렵지 않았을 텐데요"라고 그랜빌은 죄송스러워하면서 말했다. 그러나 비콘즈필드 경은 설명 같은 것은 절대로 하지 않았다.

약간 병세가 좋아지자 그는 즉시 사교계에 얼굴을 내밀었다. 때로는 그의 케케묵은 경구의 우수에 찬 듯한 투와 옛날식의 예의바른 우아함으로 사람들을 황홀하게 만들었다. 그의 말솜씨의 간결함은 젊었을 때 그 눈부시게 유명했던 만큼 유명해졌다. 어느 젊은 여성이 맨 팔을 내밀었을 때 그는 한마디 중얼거렸을 뿐이었다.

"카노바(1757~1822. 이탈리아의 조각가)."

또 다른 날에는 식사하는 동안 내내 침묵한 채로 몸도 얼굴도 전혀 움직이지 않았는데 경건한 사람들의 손으로, 수정과 은그릇과 꽃 따위 등, 생전에 사랑하고 있던 것에 둘러싸여 파묻힌 이집트 임금님의 미라와도 같았다.

선거에는 패배했어도 그의 명성은 변함없었다. 보수파의

클럽에는 상좌에 그의 초상이 걸려 있었는데 그 조용히 바라보고 있는 형형한 눈초리에 모두의 눈은 어느덧 빨려들고 말았다. 액자에는 호메로스의 시구가 새겨져 있었다.

　　그 한 사람만 현명하고 다른 자는 모두 변하기 쉬운 그림자에 지나지 않는다.

그는 결국 원한도 아쉬움도 갖고 있지 않았다. 존 밀레 경 (1829~1896. 영국의 초상화가)의 아틀리에를 방문했을 때 그는 글래드스턴을 그린 스케치를 오랫동안 보고 있었다.
"그것이 마음에 드셨습니까?"
하고 화가는 말했다.
"드리려고는 생각지도 않았는데요."
"얻을 수 있다면 매우 기쁘겠습니다. 내가 윌리엄 글래드스턴을 미워하고 있었다고는 결코 생각지 마십시오. 천만의 말입니다. 다만 아무래도 그를 이해할 수 없다는 것만이 그와 잘 지내지 못했던 이유입니다."
1881년의 정월은 얼어붙을 듯한 추위였다. 비콘즈필드경은 추위 때문에 일종의 마비상태에 빠졌다. 며칠이나 소파에 드러누워 있지 않으면 안 되었다. 그런 나날에는 잠깐 동안의 태양이 그에게는 가터 훈장보다도 훨씬 귀중한 것이었다. 눈을 뜨는 것은 레이디 브래드포드나 레이디 체스터필드에게 편지를 쓸 때 뿐이었다. 2월과 3월초에는 아직 조금씩은 외출할 수 있어서 귀족들과 이야기하거나 프린스 오브 웨일즈나 하코트와 함께 만찬을 들 수도 있었다. 그는 불안한 듯이 봄소식을 기다리고 있었다. 그러나 봄은 오지 않았다. 3월말에 감기에 걸려서 자리에 누워야 했다. 호흡이 곤란해졌다. 여왕은 그가 연필로 겨우 갈겨 쓴 짧은 편지를 보고 걱정하여 누구에게 진료를 받고 있는가 하고 물었다. 그는 아직도 유사요법(類似療法) 전문의 키드의 치료를 받고 있었다. 여왕은 입회진찰(立會診察)을 시키는 것이 어떻겠느냐고 말했으나 의사들 사이의 규칙으로는 유사요법 의사와는 일체 관계를 갖지 못하게 되어 있었다. 그러나 왕명은 결국 직업적인 반감을 누를 수가 있었다. 진단 결과는 경련성 천식을 수반하는 기관지염이었다.

처음에 의사들은 희망을 가지고 있었으나 병자는,

"이런 병으로 이제는 아무래도 안 될 겁니다. 스스로도 도저히 살아날 수 없다고 느껴집니다"

라고 말하는 것이었다. 그는 옛날에 "긍지를 가지고 죽음을 향해 나아가야 한다"고 쓴 적이 있었다. 그는 집요하게 자기가 죽어가고 있는가를 묻고 덧붙여서 말했다.

"사는 쪽이 좋지만 죽는 것을 두려워하지는 않습니다."

그는 예술가처럼 초연하게 자신의 임종을 지켜보고 있었다. 그가 이만큼 인내심이 강했던 적은 없었다. 그의 곁에 온 사람들은 모두 감탄했다. 누운 채로 힘들게 그는 최후의 연설 교정을 보았다. '나는 후세에 문법도 모르는 놈이었다는 평판을 남기고 싶지는 않다.' 그는 최후까지 산문적인 안락장치를 미워했다. 그가 기대고 앉을 수 있게 하기 위해 간호사가 그의 등 뒤에 공기 쿠션을 넣으려고 하자 그는 중얼거렸다.

"치워주세요. 이 죽음의 표적을 치워 주세요."
여왕은 걱정이 되어 그 늙은 친구의 병을 지켜보고 있었다. 몇 번이나 그녀는 그의 문병을 가려고 하였으나 의사는 그 문병이 환자를 너무 흥분시킬까 봐 두려워했다. 원저에서 그녀는 매일 상태를 묻는 전보를 쳤다.

잠깐 문병을 가려고 생각했습니다만 안정을 취하고 이야기하지 않는 편이 당신에게는 좋겠다고 고쳐 생각했습니다. 얌전하게 의사들의 말을 듣고 무리한 일은 하지 말도록 하세요.

여왕의 배려로 그의 방은 언제나 앵초와 제비꽃 등으로 가득했다. 병자는 그 순수한 색깔의 아름다운 꽃들을 즐거운 듯이 바라보는 것이었다. 빅토리아 여왕은 와이트 섬(도버 해협에 있는 섬)에 가지 않으면 안 되었을 때도 꽃을 곁들인 편지를 들려 사자를 보내왔다. 비콘즈필드는 너무 쇠약해져서 편지를 스스로 읽을 수가 없었다. 그는 손으로 이것을 가까스로 뒤집어보았다. 그리고 생각한 끝에 말했다.
"이 편지는 고문 변호사인 바린턴 경에게 읽어달래야 되겠군."
그는 언제나 관습을 지키기를 좋아했던 것이다. 고문변호사가 불려왔다.

친애하는 비콘즈필드 경, 당신이 좋아하는 봄꽃을 보내드립니다……

이 장중함과 소박한 시정의 혼합이 죽어가는 디즈레일리의 베갯머리에 얼마나 어울리는 것이었던가.
　밖에서는 군중이 뉴스를 기다리고 있었다. 어떤 신사는 자기 피를 제공하겠다고 제안했다. 실로 기묘하게도 영국적인 인물이 되어버리기는 했지만 이 외국 태생의 마술사가 보통 사람처럼 이 세상을 하직하리라고는 쉽사리 믿어지지 않았다. 임종의 자리에서조차 예기치 않았던 일이 일어나지는 않을까 하고 사람들은 생각하고 있었다. 기묘한 소문이 수없이 유포되고 있었다. 그가 예수회의 참회신부를 불렀다고 한다. 그러나 사실 비콘즈필드 경도 '보통 사람과 마찬가지로 다만 불가사의한 존재였을 뿐이었던 것이다.' 그리고 조용히 임종의 혼수상태에 빠졌다.
　4월 19일 오전 2시경, 키드 의사는 임종이 가까웠다는 것을 알 수 있었다. 로튼 경은 이 움직이지 않는 몸의 오른손을 잡고 거기 대기하고 있었다. 갑자기 죽어가는 사람이 양어깨를 뒤로 치켜올리면서 천천히 상체를 들어올렸다. 주위에 있던 사람들은 깜짝 놀랐으나 의회에서 말하기 시작하려고 할 때 그가 언제나 하는 몸짓임을 깨달았다. 그의 입술이 움직였으나 친구들이 그의 위로 몸을 구부렸으나 한 마디도 알아들을 수 없었다. 그는 다시 똑바로 쓰러지고 다시는 그 잠에서 깨지 않았다.

　글래드스턴은 정부 이름으로 국장을 행하고 웨스트민스터 사원에 안장하자고 제의했다. 그러나 비콘즈필드 경은 오히려 휴엔덴의 교회 옆의 작은 묘지에 있는 아내 곁에서 쉬기를 원할 것이라고 유언 집행자들은 생각했다. 그래서 매장은 극히 간단하게 그 정원 안에서 프린스 오브 웨일즈와 몇몇 친구들이 참석한 가운데 거행되었다. 관 위에는 여왕으로부터 보내온 화환이 두 개. 싱싱한 앵초 화환에는 "그의 가장 사랑하는 꽃"이라고 씌어 있었다. 또 한쪽에는 여왕의 친필로 "참된 애정과 우정의 표시로"라고 씌어 있었다.

여왕은 이때 오스본에 있었으므로 너무 멀어서 장례식에 참석할 수가 없었으나 돌아오자 곧 장례행렬이 지나간 길을 따라 그의 집에서 묘지까지 걸어서 가겠다고 고집을 부렸다. 여왕은 몸소 비용을 내어 교회에 기념비를 세우게 했다. 문장(紋章) 아래에 비콘즈필드 경의 대리석 프로필이 넣어지고 그 밑에 이런 문구를 새겼다.

비콘즈필드 경 벤저민의
경애하는 추억에 바친다.
이 기념비를 바치는 이는
군주이며 친구, 감사에 넘치는
여왕이며 여황제인 빅토리아.
— 왕은 정의를 말하는 자를 사랑한다

여왕이 써 넣게 한 "그의 가장 사랑하는 꽃"이라는 문구는 크게 논란의 대상이 되었다. 앵초…… 그런 단순한 취미는 언제나 그와 싸워온 상대에게 있어서는 납득이 가지 않는다. 글래드스턴은 레이디 도로시 네빌과 동석했을 때 그가 이 꽃을 좋아했다는 것은 자기에게는 매우 의심스럽게 생각된다고 그녀에게 말했다.

"가르쳐주시지 않겠어요, 레이디 도로시, 비콘즈필드 경이 앵초를 특히 좋아한다고 말한 것을 정말로 들은 적이 있습니까? 내 생각으로는 호화로운 백합이 더 취미에 맞을 거라고 생각합니다만."

그러나 다음 해 그의 일주기인 4월 19일이 가까워오자 런던의 꽃집에는 그의 제자와 친구였던 많은 사람들로부터 싱싱한 앵초로 '비콘즈필드 단추 장식'을 만들어달라는 주문이 날아들었다. 당일날 웨스트엔드의 길에는 꽃을 단 사람들의 왕래가 빈번했다. 해마다 이 습관은 번져갔다. 보수파의 대동맹이 조직되었는데 여기에는 '앵초 동맹'이라는 이름이 붙여졌다. 봄이 돌아올 때마다 의회 안의 작은 광장에 있는 디즈레일리의 동상 앞에는 수많은 충실한 친구들이 '그의 가장 사랑하는 꽃'을 장식하러 오는 것이었다.

디즈레일리의 사후 몇 년이 지나서 유스터스 세실 경은 칼턴 클럽에서 바르 의사로부터 이런 말을 들었다.

"우리가 당수들이 하는 짓거리에 화가 나서 그들을 '유태인의 기수'라고 부르고 있을 무렵 이곳 도서실에서는 항상 어떤 이야기를 하고 있었는지 기억하고 계십니까…… 그런데 지금은 어떻습니까, 오늘 아침께 웨스트민스터 옆을 지나오며 보니까 디즈레일리씨의 동상이 꽃에 묻혀 있는 거예요…… 네에! 그렇습니다, 그를 성자처럼 받들어모시고 만겁니다!"

성자처럼 해서! 당치도 않은 일이다. 디즈레일리는 성자와는 거리가 먼 존재였다. 그러나 때려눕혀도 언제나 다시 살아나는 저 예로부터의 봄의 정기처럼 차가운 적의에 찬 세계에서 언제까지나 잃지 않는 젊은 마음이 어떤 일을 성취할 수 있는 상징으로서 사람들은 그를 받드는 것이 아닐까.

☐ 연 보

1804년 런던에서 문예비평가 아이작 디즈레일리의 장남으로 태어남.
1817년 세례받음.
1821년 견습 변호사가 적성에 안 맞아 뛰쳐나와 주식거래와 신문간행을 기도했으나 모두 실패. 빚만 깊어지고 근동지방 여행에 나섬.
1826년 처녀소설 《비비안 그레이(Vivian Grey)》 저술.
1832년 정계에 최초로 진출하였으나 낙선.
1837년 보수당원으로서 하원 의원 당선.
1839년 12년 연상인 부유한 과부와 결혼.
1841년 피일 보수당 내각이 성립되었을 때, 상당한 지위가 주어지리라고 기대했으나 전혀 영입되지 않자 정치사상의 대립으로 점차 골이 깊어짐.
1844년 정치소설 《코닝즈비(Coningsby)》 출간.
1845년 정치소설 《시빌(Sybil)》 출간.
1846년 R·피일의 자유무역법안, 특히 곡물법 철폐를 둘러싸고 마침내 피일과 뜻을 같이하여 그후 보수당 보호무역파의 당수가 됨.
1847년 정치소설 《탱크레이드(Tancred)》 출간.
1852년 제1차 티비 내각의 재무장관 역임.

1858년 ~ 1859년 재무장관 역임.

1866년 ~ 1868년 재무장관 3차 역임.

1867년　제 2차 선거법 개정안을 제출하여 성공시킴.

1868년　더비 경의 사퇴에 이어 수상이 되었으나 곧이어 총선에 패하여 사직함.

1874년 ~ 1880년 2차 내각 조직.

1875년　수에즈 운하의 주식 17만주를 매수하여 동양 진출의 통로를 확보.

1876년　빅토리아 여왕에게 인도 여제(女帝)의 칭호를 선물하여 인도 지배체제를 강화함. 비콘즈필드의 백작이 됨.

1878년　베를린 회의에서 사이프러스 섬을 획득하는 등 제국주의적 대외 진출 추진, 국내정치에서는 공중위생과 노동조건의 개선에 힘씀.

1880년　선거에서 글래드스턴에게 패배, 수상직 사임.

1881년　4월 사망.

□ 옮긴이 소개

한국외국어대학 불어과, 중앙대학교 사회개발대학원 졸업
《수필문예》로 등단, 한국일보 신춘문예 수필부문 당선
현대수필문학상 수상, 신곡문학상본상 수상
현재: 한양여대 문예창작학과 출강
　　　중앙문화센터·마포평생학습관 출강
수필: 《당신은 타인이어라》(범우사), 《산길이 보이는 창》(범
　　　우사), 《하얀 진달래》(선우미디어), 《숨어 있는 나무》
　　　(범우사)
평론: 《한국 수필 평론》, 《한국 수필 평론》 개정판(범우사).

디즈레일리의 생애　　　　　　값 6,000원

1978년 12월 25일 초판 1쇄 발행
1999년 11월 25일 2판 1쇄 발행

지은이　앙드레 모루아
옮긴이　이　정　림
펴낸이　윤　형　두
펴낸데　범　우　사

등　록　1966. 8. 3.　제 10-39호
121-130　서울시 마포구 구수동 21-1호
전　화　717-2121·2122/FAX 717-0429

＊ 파본은 교환해 드립니다.　　교정·편집/이민정·김지선

ISBN 89-08-03275-4 04840　(홈페이지) http://www.bumwoosa.co.kr
　　　89-08-03202-9 (세트)　(E-mail) bumwoosa@chollian.net

작가별 작품론을 함께 실어 만든
범우비평판 세계문학선

1 토마스 불핀치
1-1 그리스·로마 신화 최혁순 값10,000원
1-2 원탁의 기사 한영환 값10,000원
1-3 샤를마뉴 황제의 전설 이성규 값8,000원

2 도스토예프스키
2-1.2 죄와 벌(상)(하) 이철(외대 교수) 각권 8,000원
2-3.4.5 카라마조프의 형제(상)(중)(하)
　　　　김학수(전 고려대 교수) 각권 9,000원
2-6.7.8 백치(상)(중)(하) 박형규 각권 7,000원
2-9.10 ,11 악령(상)(중)(하) 이철 각권 9,000원

3 W. 셰익스피어
3-1 셰익스피어 4대 비극 이태주(단국대 교수) 값10,000원
3-2 셰익스피어 4대 희극 이태주 값10,000원
3-3 셰익스피어 4대 사극 이태주 값12,000원
3-4 셰익스피어 명언집 이태주 값10,000원

4 토마스 하디
4-1 테스 김회진(서울시립대 교수) 값10,000원

5 호메로스
5-1 일리아스 유영(연세대 명예교수) 값9,000원
5-2 오디세이아 유영 값8,000원

6 밀턴
6-1 실낙원 이창배(동국대 교수) 값9,000원

7 L. 톨스토이
7-1.2 부활(상)(하) 이철(외대 교수) 값7,000원
7-3.4 안나 카레니나(상)(하) 이철 값12,000원
7-5.6.7.8 전쟁과 평화 1.2.3.4 박형규 각권 10,000원

8 토마스 만
8-1 마의 산(상) 홍경호(한양대 교수) 값9,000원
8-2 마의 산(하) 홍경호 값10,000원

9 제임스 조이스
9-1 더블린 사람들 김종건(고려대 교수) 값10,000원
9-2.3.4.5 율리시즈 1.2.3.4 김종건 각권 10,000원
9-6 젊은 예술가의 초상 김종건 값10,000원
9-7 피네간의 경야(抄)·詩·에피파니 김종건 값10,000원

10 생 텍쥐페리
10-1 전시 조종사(외) 조규철 값8,000원
10-2 젊은이의 편지(외) 조규철·이정림 값7,000원
10-3 인생의 의미(외) 조규철(외대 교수) 값7,000원
10-4.5 성채(상)(하) 염기용 값8,000원
10-6 야간비행(외) 전채린·신경자 값8,000원

11 단테
11-1.2 신곡(상)(하) 최현 값9,000원

12 J. W. 괴테
12-1.2 파우스트(상)(하) 박환덕 값7,000원

13 J. 오스틴
13-1 오만과 편견 오화섭(전 연세대 교수) 값9,000원

14 V. 위고
14-1.2.3.4.5 레 미제라블 1.2.3.4.5 방곤 각권 8,000원

15 임어당
15-1 생활의 발견 김병철 값12,000원

16 루이제 린저
16-1 생의 한가운데 강두식(전 서울대 교수) 값7,000원

17 게르만 서사시
17 니벨룽겐의 노래 허창운(서울대 교수) 값13,000원

출판 36년이 일궈낸 세계문학의 보고

대학입시생에게 논리적 사고를 길러주고 대학생에게는 사회진출의 길을 열어주며,
일반 독자에게는 생활의 지혜를 듬뿍 심어주는 문학시리즈로서
범우비평판은 이제 독자여러분의 서가에서 오랜 친구로 늘 함께 할 것입니다.

(全卷 새로운 편집·장정 / 크라운변형판)

⑱ E. 헤밍웨이
- 18-1 누구를 위하여 종은 울리나 김병철(중앙대 교수) 값 10,000원
- 18-2 무기여 잘 있거라(외) 김병철 값 12,000원

⑲ F. 카프카
- 19-1 성(城) 박환덕(서울대 교수) 값 10,000원
- 19-2 변신 박환덕 값 10,000원
- 19-3 심판 박환덕 값 8,000원
- 19-4 실종자 박환덕 값 9,000원

⑳ 에밀리 브론테
- 20-1 폭풍의 언덕 안동민 값 8,000원

㉑ 마가렛 미첼
- 21-1.2.3 바람과 함께 사라지다(상)(중)(하) 송관식·이병규 각권 10,000원

㉒ 스탕달
- 22-1 적과 흑 김붕구 값 10,000원

㉓ B. 파스테르나크
- 23-1 닥터 지바고 오재국(전 육사교수) 값 10,000원

㉔ 마크 트웨인
- 24-1 톰 소여의 모험 김병철 값 7,000원
- 24-2 허클베리 핀의 모험 김병철 값 9,000원
- 24-3.4 마크 트웨인 여행기(상)(하) 박미선 각권 10,000원

㉕ 조지 오웰
- 25-1 동물농장·1984년 김희진 값 10,000원

㉖ 존 스타인벡
- 26-1.2 분노의 포도(상)(하) 전형기 각권 7,000원
- 26-3.4 에덴의 동쪽(상)(하) 이성호(한양대 교수) 각권 9,000~10,000원

㉗ 우나무노
- 27-1 안개 김현창(서울대 교수) 값 6,000원

㉘ C. 브론테
- 28-1.2 제인 에어(상)(하) 배영원 각권 8,000원

㉙ 헤르만 헤세
- 29-1 知와 사랑·싯다르타 홍경호 값 9,000원
- 29-2 데미안·크눌프·로스할데 홍경호 값 9,000원
- 29-3 페터 카멘친트·게르트루트 박환덕(서울대 교수) 값 9,000원
- 29-4 유리알 유희 박환덕 값 12,000원

㉚ 알베르 카뮈
- 30-1 페스트·이방인 방 곤(경희수) 값 9,000원

㉛ 올더스 헉슬리
- 31-1 멋진 신세계(외) 이성규·허정ऀ 값 10,000원

㉜ 기 드 모파상
- 32-1 여자의 일생·단편선 이정림 값 9,000원

㉝ 투르게네프
- 33-1 아버지와 아들 이정림 값 9,000원
- 33-2 처녀지·루딘 김학수 값 10,000원

㉞ 이미륵
- 34-1 압록강은 흐른다(외) 정규화(성신여대 교수) 값 10,000원

㉟ T. 드라이저
- 35-1 시스터 캐리 전형기(한양대 교수) 값 12,000원
- 35-2.3 미국의 비극(상)(하) 김병철 값 9,000원

㊱ 세르반떼스
- 36-1 돈 끼호떼 김현창(서울대 교수) 값 12,000원
- 36-2 (속)돈 끼호떼 김현창(서울대 교수) 값 13,000원

㊲ 나쓰메 소세키
- 37-1 마음·그 후 서석연 값 12,000원

㊳ 플루타르코스
- 38-1~8 플루타르크 영웅전 1~8 김병철 값 8,000원

㊴ 안네 프랑크
- 39-1 안네의 일기(외) 김남석·서석연(전 동국대 교수) 값 9,000원

㊵ 강용흘
- 40-1 초당 장문평(문학평론가) 값 9,000원
- 40-2 동양선비 서양에 가시다 유영(연세대 교수) 값 10,000원

㊶ 나관중
- 41-1~5 원본 三國志 1~5 황병국(중국문학가) 값 10,000원

㊷ 귄터 그라스
- 42-1 양철북 박환덕(서울대 교수) 값 10,000원

㊸ 아쿠타가와 류노스케
- 43-1 아쿠타가와 작품선 진웅기·김진욱(번역문학가) 값 8,000원

㊹ F. 모리악
- 44-1 떼레즈 데께루·밤의 종말(외) 전채린(충북대 교수) 값 8,000원

㊺ 에리히 M. 레마르크
- 45-1 개선문 홍경호(한양대 교수·문학박사) 값 12,000원
- 45-2 그늘진 낙원 홍경호·박상배(한양대 교수) 값 8,000원
- 45-3 서부전선 이상없다(외) 박환덕(서울대 교수) 값 12,000원

㊻ 앙드레 말로
- 46-1 희망 이기웅(국민대 대우교수) 값 9,000원

㊼ A.J. 크로닌
- 47-1 성채 공문혜(번역문학가) 값 9,000원

㊽ 하인리히 뵐
- 48-1 아담 너는 어디 있었느냐(외) 홍경호(한양대 교수) 값 8,000원

㊾ 시몬느 드 보봐르
- 49-1 타인의 피 전채린(충북대 교수) 값 8,000원

㊿ 보카치오
- 50-1,2 데카메론(상)(하) 한형곤(외국어대 교수) 각권 11,000원

㉑ R. 타고르
- 51-1. 고라 유영(연세대 명예교수) 값 13,000원

범우사
서울시 마포구 구수동 21-1호
TEL 717-2121, FAX 717-0429
http://www.bumwoosa.co.kr
(E-mail) bumwoosa@chollian.net

온고지신(溫故知新)으로 희망찬 21세기를!

현대사회를 보다 새로운 시각으로 종합진단하여
그 처방을 제시해주는

범우사상신서

1 자유에서의 도피 E. 프롬/이상두
2 젊은이여 오늘을 이야기하자 렉스프레스誌/방곤·최혁순
3 소유냐 존재냐 E. 프롬/최혁순
4 불확실성의 시대 J. 갈브레이드/박현채·전철환
5 마르쿠제의 행복론 L. 마르쿠제/황문수
6 너희도 神처럼 되리라 E. 프롬/최혁순
7 의혹과 행동 E. 프롬/최혁순
8 토인비와의 대화 A. 토인비/최혁순
9 역사란 무엇인가 E. 카/김승일
10 시지프의 신화 A. 카뮈/이정림
11 프로이트 심리학 입문 C.S. 홀/안귀여루
12 근대국가에 있어서의 자유 H. 라스키/이상두
13 비극론·인간론(외) K. 야스퍼스/황문수
14 엔트로피 J. 리프킨/최현
15 러셀의 철학노트 B. 페인버그·카스릴스(편)/최혁순
16 나는 믿는다 B. 러셀(외)/최혁순·박상규
17 자유민주주의에 희망은 있는가 C. 맥퍼슨/이상두
18 지식인의 양심 A. 토인비(외)/임헌영
19 아웃사이더 C. 윌슨/이성규
20 미학과 문화 H. 마르쿠제/최현·이근영
21 한일합병사 야마베 겐타로/안병무
22 이데올로기의 종언 D. 벨/이상두
23 자기로부터의 혁명 ① J. 크리슈나무르티/권동수
24 자기로부터의 혁명 ② J. 크리슈나무르티/권동수
25 자기로부터의 혁명 ③ J. 크리슈나무르티/권동수
26 잠에서 깨어나라 B. 라즈니시/길연
27 역사학 입문 E. 베른하임/박광순
28 법화경 이야기 박혜경

29 융 심리학 입문 C.S. 홀(외)/최현
30 우연과 필연 J. 모노/김진욱
31 역사의 교훈 W. 듀란트(외)/천희상
32 방관자의 시대 P. 드러커/이상두·최혁순
33 건전한 사회 E. 프롬/김병익
34 미래의 충격 A. 토플러/장을병
35 작은 것이 아름답다 E. 슈마허/김진욱
36 관심의 불꽃 J. 크리슈나무르티/강옥구
37 종교는 필요한가 B. 러셀/이재황
38 불복종에 관하여 E. 프롬/문국주
39 인물로 본 한국민족주의 장을병
40 수탈된 대지 E. 갈레아노/박광순
41 대장정 — 작은 거인 등소평 H. 솔즈베리/정성호
42 초월의 길 완성의 길 마하리시/이병기
43 정신분석학 입문 S. 프로이트/서석연
44 철학적 인간 종교적 인간 황필호
45 권리를 위한 투쟁(외) R. 예링/심윤종·이주향
46 창조와 용기 R. 메이/안병무
47 꿈의 해석(상·하) S. 프로이트/서석연
48 제3의 물결 A. 토플러/김진욱
49 역사의 연구 ① D. 서머벨 엮음/박광순
50 역사의 연구 ② D. 서머벨 엮음/박광순
51 건건록 무쓰 무네미쓰/김승일
52 가난이야기 가와카미 하지메/서석연
53 새로운 세계사 마르크 페로/박광순
54 근대 한국과 일본 나카스카 아키라/김승일
55 일본 자본주의 정신 야마모토 시치헤이/김승일·이근원

▶ 계속 펴냅니다

범우사 서울시 마포구 구수동 21-1호. 전화 717-2121 FAX 717-0429
http://www.bumwoosa.co.kr (천리안·하이텔 ID) BUMWOOSA

온고지신(溫故知新)으로 21세기를!

범우고전선

시대를 초월해 인간성 구현의 모범으로 삼을 만한 책을 엄선

1 유토피아 토마스 모어/황문수
2 오이디푸스 王 소포클레스/황문수
3 명상록·행복론 M.아우렐리우스·L.세네카/황문수·최현
4 깡디드 볼떼르/염기용
5 군주론·전술론(외) 마키아벨리/이상두
6 사회계약론(외) J.루소/이태일·최현
7 죽음에 이르는 병 키에르케고르/박환덕
8 천로역정 존 버니언/이현주
9 소크라테스 회상 크세노폰/최혁순
10 길가메시 서사시 N.K.샌다즈/이현주
11 독일 국민에게 고함 J.G.피히테/황문수
12 히페리온 F.휠덜린/홍경호
13 수타니파타 김운학 옮김
14 쇼펜하우어 인생론 A.쇼펜하우어/최현
15 톨스토이 참회록 L.N.톨스토이/박형규
16 존 스튜어트 밀 자서전 J.S.밀/배영원
17 비극의 탄생 F.W.니체/곽복록
18-1 에 밀(상) J.J.루소/정봉구
18-2 에 밀(하) J.J.루소/정봉구
19 팡 세 B.파스칼/최현·이정림
20-1 헤로도토스 歷史(상) 헤로도토스/박광순
20-2 헤로도토스 歷史(하) 헤로도토스/박광순
21 성 아우구스티누스 고백록 A.아우구스티누스/김평옥
22 예술이란 무엇인가 L.N.톨스토이/이철
23 나의 투쟁 A.히틀러/서석연
24 論語 황병국 옮김
25 그리스·로마 희곡선 아리스토파네스(외)/최현
26 갈리아 戰記 G.J.카이사르/박광순
27 善의 연구 니시다 기타로/서석연
28 육도·삼략 하재철 옮김
29 국부론(상) A.스미스/최호진·정해동
30 국부론(하) A.스미스/최호진·정해동
31 펠로폰네소스 전쟁사(상) 투키디데스/박광순
32 펠로폰네소스 전쟁사(하) 투키디데스/박광순
33 孟子 차주환 옮김
34 아방강역고 정약용/이민수
35 서구의 몰락 ① 슈펭글러/박광순
36 서구의 몰락 ② 슈펭글러/박광순
37 서구의 몰락 ③ 슈펭글러/박광순
38 명심보감 장기근
39 월든 H.D.소로/양병석
40 한서열전 반고/홍대표
41 참다운 사랑의 기술과 허튼 사랑의 절책 안드레아스/김영락
42 종합 탈무드 마빈 토케이어(외)/전풍자
43 백운화상어록 백운화상/석찬선사
44 조선복식고 이여성
45 불조직지심체요절 백운선사/박문열
46 마가렛 미드 자서전 M.미드/최혁순·최인욱
47 조선사회경제사 백남운/박광순
48 고전을 보고 세상을 읽는다 모리야 히로시/김승일
49 한국통사 박은식/김승일
50 콜럼버스 항해록 라스 카사스 신부 엮음/박광순
51 삼민주의 쑨원/김승일(외) 옮김
52-1 나의 생애(상) L.트로츠키/박광순
52-2 나의 생애(하) L.트로츠키/박광순
53 북한산 역사지리 김윤우

▶ 계속 펴냅니다

범우사 서울시 마포구 구수동 21-1호 TEL 717-2121, FAX 717-0429
http://www.bumwoosa.co.kr (천리안·하이텔 ID) BUMWOOSA

범우비평판세계문학 38-❶~❽

책 속에 영웅의 길이 있다…!!

플루타르크 영웅전

플루타르코스 / 김병철(중앙대 명예교수) 옮김

국내 최초 완역, 99년 개정판 출간!

프랑스의 루소가 되풀이하여 읽고, 나폴레옹과 베토벤, 괴테가 평생 곁에 두고
애독한 그리스·로마의 영웅열전(英雄列傳)!
영웅들의 성격과 인물 됨됨이를 사실적으로 묘사한 영웅 보감!

그리스와 로마의 영웅들과 위인들의 파란만장한 생애를 통해 그들의 성격과 도덕적 견해를 대비시켜
묘사함으로써 정의와 불의, 선과 악, 진리와 허위, 이성간의 사랑 등 인간의 모든 문제를 파헤쳐 보이고 있다.
지금 전세계의 도서관에 불이 났다면 나는 우선 그 불속에 뛰어들어가 '셰익스피어 전집'과 '플루타르크 영웅전'을
건지는데 내 몸을 바치겠다. ─美 사상가·시인 에머슨의 말─

새로운 편집 장정 / 전8권 / 크라운 변형판 / 각권 8,000원

 범우사 서울시 마포구 구수동 21-1호 TEL 717-2121, FAX 717-0429
http://www.bumwoosa.co.kr (천리안·하이텔 ID) BUMWOOSA